Mixgetränke
mit und ohne Alkohol

Mixgetränke
mit und ohne Alkohol

herausgegeben von Ines Schill

Buch und Zeit Verlagsgesellschaft mbH · Köln

In gleicher Ausstattung sind erschienen:
„Das Mikrowellen-Kochbuch"
„Die neue Vollwertküche"
„Vollwertkost aus der Mikrowelle"
„Die schönsten Backrezepte"

ISBN 3-8166-9725-9

© 1992 Genehmigte Ausgabe
Die Verwertung der Texte und Bilder, auch auszugsweise, ist ohne Zustimmung des Verlags urheberrechtswidrig und strafbar. Dies gilt auch für Vervielfältigungen, Übersetzungen, Mikroverfilmung und für die Verarbeitung mit elektronischen Systemen.
Titelbild: TLC-Foto-Studio GmbH, Velen-Ramsdorf
Fotos: Anschlag & Goldmann, Borken: S. 2–3, 6–7, 11, 41, 66–67, 70, 72–73, 75, 76, 77, 80–81, 82–83, 85, 86, 87, 89, 91, 97, 111, 129, 134; Brigitte Harms, Hamburg: S. 3, 7, 9, 14, 24, 26–27, 56–57, 67, 69, 78, 79, 101, 107, 125; TLC-Foto-Studio GmbH, Velen-Ramsdorf: S. 4–5, 18–19, 29, 31, 32, 35, 36, 39, 42, 44, 47, 48, 50–51, 52, 55, 58, 61, 62, 65, 93 unten, 102, 108, 124–125; Streiflicht, Hamburg: S. 8–9, 12, 15, 16–17, 40–41, 110–111, 113, 114–115, 116, 118, 119, 120, 121, 123; Grauel und Uphoff, Hannover: S. 21, 23, 25, 81, 96–97, 127, 128, 130–131, 133, 138, 151, 152; „ICE" Informationscentrale Eiskrem, Bonn: S. 93 oben, 94, 95, 142, 143, 144, 145, 146; Studio Margit Schwarz, Frankfurt: S. 92, 135, 137, 140, 147, 148, 154, 157; Creative Fotografie & Styling, Tessmann und Endress, Frankfurt: S. 22; Fotostudio Edith Gerlach, Frankfurt: S. 99; FALKEN Archiv: S.104–105.
Die Ratschläge in diesem Buch sind von Herausgeberin und Verlag sorgfältig erwogen und geprüft, dennoch kann eine Garantie nicht übernommen werden. Eine Haftung der Herausgeberin bzw. des Verlags und seiner Beauftragten für Personen-, Sach- und Vermögensschäden ist ausgeschlossen.
Gesamtkonzeption: Buch und Zeit Verlagsgesellschaft mbH, D-Köln

1999972592X7 2635 4453 6271

Inhaltsverzeichnis

Vorwort	7
Kleine Getränkekunde	9
Kleine Barkunde	19
Aperitifs – die stilvollen Magenwärmer	27
Drinks und Cocktails nach dem Essen	41
Wenn die Korken knallen … – Champagnercocktails	57
Longdrinks – für lange Abende	67
Ob cremig-zart, ob eisig-kühl … – Egg Noggs, Flips & Co.	81
Bowlen, Grogs und Punsche – für große Gesellschaften	97
Lightdrinks – die neuen Sanften	111
Promillefreie Zone! – Mixgetränke ohne Alkohol	125

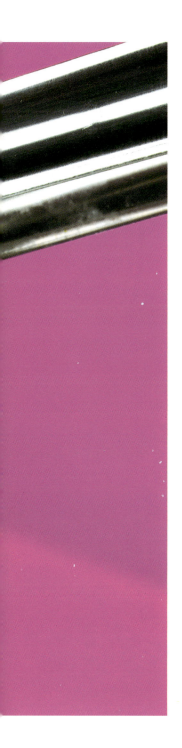

Vorwort

War früher der Platz an der Theke im Wilden Westen den „harten" Männern mit ihren Whiskeys vorbehalten, so ist er heute ein Ort der Geselligkeit, der Gespräche und der raffiniertesten Mixgetränke. Die Bar ist nach wie vor ein magischer Ort, der fast auf der ganzen Welt zu finden ist. Wer einmal ihre Atmosphäre geschnuppert und einen der vielen Drinks oder Cocktails probiert hat, der verspürt unweigerlich den Wunsch, sich seine eigene Hausbar einzurichten.

Dieses Buch soll in die Kunst des Mixens einführen, die nicht zuletzt darin besteht, das richtige Getränk zur richtigen Zeit zu kredenzen. Sie finden hier die wichtigsten Mixarten und auch ein Kapitel über alkoholfreie Cocktails, Drinks und Bowlen.

Den Rezepturen wurden die geschmacksdominanten Zutaten vorangestellt, damit eine Auswahl nach persönlichen Vorlieben erleichtert wird.

Eine kleine Bar- und Getränkekunde soll Ihnen helfen, Ihre Hausbar mit dem Wichtigsten auszustatten. Danach können Sie Ihre Ärmel hochkrempeln und mit dem Mixen beginnen.

Übrigens: Ihrer Phantasie sind keine Grenzen gesetzt...!

Kleine Getränkekunde

Das Mixen ist kein Buch mit sieben Siegeln, wenn Sie einige Grundbegriffe kennen. Mit Hilfe dieses Kapitels können Sie sich einen kleinen Einblick in die Welt der Spirituosen, Säfte, Sirupe und anderen Flaschengeister verschaffen. Keine Angst vor der verwirrenden Vielfalt! Schon mit der „stock list" (Grundstockliste) können Sie eine Vielzahl köstlicher Cocktails, Drinks, Bowlen, Punsche und vieles mehr zaubern.
Übrigens: Jedes Mixgetränk ist nur so gut wie seine Zutaten. Achten Sie also unbedingt auf erstklassige Qualität, die man meistens auch am Preis erkennt.

Die Spirituosen

Die wichtigste Grundlage für alkoholische Mixgetränke sind die Spirituosen. Je mehr Sie darüber wissen, desto sicherer werden Sie im Kombinieren verschiedener Geschmacksrichtungen und beim Ausprobieren eigener Rezepte.

Brände

Es gibt eine verwirrende Vielfalt von Branntweinerzeugnissen, die aufgrund ihrer Herkunft und ihrer Erzeugungsmethoden unterschieden werden.

Armagnac
Dieser Weinbrand stammt aus dem französischen Gebiet der Gascogne.

Brandy
Weinbrände aus anderen Ländern kommen meist als Brandy in den deutschen Handel.

Cognac
Dieser Weinbrand wird im Südwesten Frankreichs, im Gebiet der Charente, erzeugt. Der berühmteste Ort dieser Gegend ist die Stadt Cognac, die diesem Branntwein seinen Namen gab. Nur Branntwein aus diesem genau definierten Gebiet darf als Cognac in den Handel kommen.
Die Brennmethoden haben sich seit dem 17. Jahrhundert kaum verändert. Der Wein wird immer noch zweimal gebrannt. Nach dem ersten Brand enthält der sogenannte Rohbrand etwa 30 Vol.-% Alkohol, nach der zweiten Destillation beträgt er dann etwa 70 Vol.-%. Um ihn auf eine Trinkstärke von 40 Vol.-% Alkohol zu bringen, wird er während der Lagerung mit destilliertem Wasser oder schwachem Cognac versetzt.

Deutscher Weinbrand
Für ihn sind viele Kriterien gesetzlich festgeschrieben; er muß zum Beispiel 38 Vol.-% Alkohol aufweisen und eine amtliche Prüfnummer tragen.

Gin
Er wird aus Gerste, Roggen und Wacholderbeeren gebrannt. Der englische Dry Gin enthält 40 Vol.-% Alkohol. Es gibt aber auch leichtere Arten, zum Beispiel den Plymouth Gin.

Kernobstbranntweine
Sie werden aus Birnen, Äpfeln und anderen Fruchtsorten hergestellt. Diese Früchte enthalten genügend eigenen Zucker, so daß ihnen bei der Destillation kein Alkohol zugesetzt werden muß. Sie kommen mit einem Alkoholgehalt von etwa 38 Vol.-% in den Handel. Der bekannteste Kernobstbranntwein ist sicherlich der Calvados, der aus Äpfeln hergestellt wird.

Obstgeiste
Sie werden in erster Linie aus Beeren hergestellt, denen bei der Destillation Alkohol zugesetzt wird, da sie zu wenig Zucker enthalten. Danach beträgt ihr Alkoholgehalt mindestens 40 Vol.-%.

Pernod
Dieser bekannte französische Schnaps wird aus Getreide, Anis und Kräutern gebrannt und enthält 45 Vol.-%.

Rum
Er wird aus einem Zuckerrohrdestillat mit einem Alkoholanteil von 60 bis 80 Vol.-% gewonnen. Der echte Rum wird dann mit Hilfe von destilliertem Wasser auf 40 bis 45 Vol.-% Alkohol herabgesetzt. Durch kühle Lagerung erhält er sein hervorragendes Bukett. Weißer Rum wird in hellen Eschenholzfässern gelagert, deshalb bleibt er klar. Brauner Rum hingegen wird in dunklen Holzfässern gelagert und nimmt deshalb eine hell- bis dunkelbraune Farbe an. Sowohl weißer als auch brauner Rum ist heute ein unbedingtes Muß in jeder Hausbar und die Grundlage für phantastische Longdrinks.

Tequila
Der mexikanische Nationalschnaps ist ein reines Kakteendestillat, das aus der Maguey-Agave gewonnen wird. Der Tequila eignet sich zum Mischen mit Tomatensaft und Sangrita. Pur wird er mit Salz und einer Zitronenscheibe gereicht. Schon die Priester der Azteken kannten den Göttertrank und predigten dem Volk ihre Vollrauschvisionen.

DIE SPIRITUOSEN 11

Whisky und Whiskey

Die Heimat des Bourbon Whiskey sind die amerikanischen Nordstaaten und Kanada. Er wird heute aus mindestens 51% Mais gebrannt. Dazu kommen noch Gerste und Roggen, und er muß mindestens drei Jahre in Weißeichenfässern lagern, bevor er in Flaschen abgefüllt wird. Scotch Whisky stammt aus Schottland und wird aus Gerste, Weizen, Hafer und Roggen gebrannt. In spanischen Sherryfässern wird er mindestens drei, meistens aber sieben bis zwölf Jahre gelagert.

Wodka

Die Wiege des Wodka stand in Rußland, wie sicherlich jeder weiß. Dieser Kartoffelbrand ist im Unterschied zu anderen Bränden neutral, rein und weich im Geschmack. Wodka eignet sich sehr gut zum Mixen, da er den anderen Zutaten die Hauptrolle überläßt und lediglich seine Kraft hinzugibt. Kaufen Sie aber nur klaren Wodka, und meiden Sie gewürzte Sorten, wenn Sie beim Mixen keine bösen Überraschungen erleben wollen! In Rußland trinkt man Wodka in großen Schlucken aus ordinären Wassergläsern.

Liköre

Liköre sind weltweit verbreitet. Allein bei uns sind etwa 660 verschiedene Sorten auf dem Markt. Früher wurde er im Gegensatz zu heute fast ausschließlich pur getrunken. Er sollte in keiner Hausbar fehlen, denn er eignet sich ausgezeichnet zur Abrundung eines guten Cocktails oder Drinks.

Amaretto
Er wird aus bitteren Mandeln, Gewürzen und Vanille hergestellt und ist zur Zeit sehr beliebt.

Angostura-Bitter
Dieser Likör wird aus den Rinden des auf den Antillen beheimateten Angosturabaumes, Orangenschalen, Zimt, Kardamom, Chinarinden und Gewürznelken hergestellt. Ursprünglich war er ein Mittel gegen Malaria, heute findet er als Würzmittel für Drinks und Cocktails Verwendung.

Bénédictine
Der französische Kräuterlikör wird aus nicht weniger als 20 Zutaten hergestellt.

Campari
Er zählt zu den bitteren Kräuterlikören und wird oft für Longdrinks verwendet.

Chartreuse
Den Kräuterlikör, der erstmals im Jahre 1605 von Mönchen des Grande Chartreuse-Klosters bei Grenoble hergestellt wurde, gibt es in drei Sorten: der 55 Vol.-%ige grüne Chartreuse, der 43 Vol.-%ige gelbe Chartreuse, der etwas süßlicher schmeckt, und das 68 Vol.-%ige Chartreuse-Kräuterelixier.

Cointreau
Das ist ein französischer Orangenlikör, der wie ein Curaçao hergestellt wird.

Crème de Cacao
Dieser Likör wird mit Kakaobohnen hergestellt und ist in zwei Farben – weiß und braun – erhältlich.

Crème de Cassis
Dieser aus Südfrankreich kommende Likör wird aus schwarzen Johannisbeeren hergestellt.

Crème de Menthe
Das ist ein Kräuterlikör mit Pfefferminzgeschmack, der für manchen vielleicht ungewohnt ist, aber für viele Drinks und Cocktails das Tüpfelchen auf dem i darstellt. Auch diesen Likör gibt es in zwei Farben: weiß und grün.

Curaçao
Der Ausgangspunkt für diesen Orangenlikör ist die auf der Karibikinsel Curaçao wachsende Pomeranze. Diese Frucht ist bitter und ungenießbar, ihre Schale enthält aber ätherische Öle, deren Aroma dem jeder anderen Orange weit überlegen ist. Diese Aromastoffe werden mit Hilfe von Alkohol aus der Schale gelöst und dann mit Kräutern, Gewürzen und Süßorangenschalen versetzt. Diesen Orangenlikör gibt es in den Farben „white", „blue" und „orange". Der Curaçao enthält

30 Vol.-% Alkohol und gibt vielen Cocktails und Drinks seinen unverwechselbaren Geschmack. Der Curaçao Triple sec ist etwas herber und verfügt einen Alkoholgehalt von 38 Vol.-%.

Drambuie
Dieser süß-herbe Wiskeylikör wird mit Honig hergestellt und erreicht 40 Vol.-% Alkohol.

Eierlikör
Dieser Likör ist sicherlich der bekannteste von allen und wird in vielen Haushalten selbst hergestellt.

Fernet Branca
Dieser Likör zählt zu den bitteren Kräuterlikören und wirkt, nach einem zu üppigen Mahl getrunken, manchmal Wunder.

Galliano
Dieser Likör stammt aus Italien und wird auf Vanillebasis hergestellt.

Grand Marnier
Der aus Charente stammende gelbliche Orangenlikör wird mit Cognac hergestellt.

Kahlúa
Dieser mexikanische Kaffeelikör findet bei vielen Mixgetränken seine Verwendung.

Maraschino
Dieser süße Likör wird aus der Marascakirsche gewonnen.

Peach Brandy
Der Pfirsichlikör wird mit Weinbrand hergestellt und findet bei vielen Longdrinks Verwendung.

Schwedenpunsch
Dieser Likör wird auf Rumbasis hergestellt.
Der Schwedenpunsch hat nichts gemein mit dem sehr ähnlich klingenden Schwedentrunk. Bei diesem handelt es sich um eine Foltermethode, die besonders während des Dreißigjährigen Krieges beliebt war: Hierbei wurde dem Gefolterten Jauche eingeflößt. Der Schwedenpunsch verführt auf angenehme Weise zur Redseligkeit.

Southern Comfort
Der Whiskeylikör erhält durch verschiedene Gewürze und Südfrüchte seinen eigenwilligen Geschmack. Er wird gern als Mixbasis genommen, enthält 43 Vol.-% Alkohol und ist auch als „Sologetränk" außerordentlich beliebt.

Portwein, Sherry und Vermouth

Diese drei Weinsorten sollen bei uns einen Extraplatz erhalten, da sie beim Mixen nicht wie andere Weine als Auffüller oder ähnliches verwendet werden. Sie können pur getrunken einen Aperitif oder „After-Dinner-Drink" darstellen, sind aber auch bei vielen Mixgetränken ein unverzichtbarer Bestandteil.

Portwein
Dieser portugiesische Likörwein kommt aus dem Norden des Landes und hat etwa 20 Vol.-% Alkohol. Es gibt ihn in zwei Arten: Den weißen Portwein trinkt man kühl, den roten temperiert. Übrigens: Portwein sollte man immer liegend lagern!

Sherry
Dieser Südwein kommt aus einem gesetzlich genau definierten Anbaugebiet Andalusiens.

Vermouth
Der Vermouth wurde 1786 von einem gewissen Antonio Benedetto Carpano aus Turin kreiert. Der vergorene und geklärte Traubenmost muß eine Zeitlang reifen. In der Zwischenzeit werden verschiedene Kräuter und Gewürze in Alkohol eingelegt. Der Kräuterextrakt kommt dann mit neutralem Alkohol und Zucker zu dem gereiften Grundwein. Vermouth gibt es in verschiedenen Geschmacksrichtungen und Farben. Die am meisten verwendeten sind der Vermouth Rosso (rot) und der Vermouth Bianco (weiß). Die Idee, mit ihnen zu mixen, kam von den Amerikanern. Beispiele hierfür sind die vielen Martinis und Manhattans.

Auffüller

Auffüller sind das A und O eines jeden Longdrinks und sind deshalb aus einer Bar nicht wegzudenken. Egal, ob Sie Mixgetränke mit oder ohne Alkohol zaubern wollen, hier finden Sie die nötigen Zutaten. Noch ein wichtiger Hinweis für die neuen „Sanften" ohne Promille: Denken Sie bitte daran, daß Sie nur erstklassige Säfte und Zutaten verwenden, denn hier kann nicht mit Alkohol ein „Schwachpunkt" vertuscht werden!
Denn auch hier gibt es qualitative Unterschiede. Was nicht heißen soll, daß Sie bei den alkoholhaltigen Mixgetränken mit minderwertigen Zutaten panschen dürfen. Letztendlich urteilen aber die Gaumen Ihrer Gäste darüber, ob Sie ungestraft davonkommen!

Champagner

Die Entstehung dieses edlen Getränkes geht auf einen Zufall im 17. Jahrhundert zurück. Die Winzer der Champagne wollten einen besonders guten Weißwein herstellen. Allerdings hatte dieser die Eigenschaft nachzugären und den Pfropfen zu sprengen. Ein kluger Mönch erkannte die „Gottesgabe" und seither hat sich an der komplizierten und teuren Herstellung kaum etwas geändert. Nach strenger gesetzlicher Regelung darf auch nur ein Schaumwein, der aus der Champagne kommt, Champagner heißen.

Kefir

Dieses prickelnde, dicksämige Sauermilchprodukt findet vor allem bei den alkoholfreien Mixgetränken Anwendung. Kefir gibt es in vielen Fettstufen, für uns ist aber nur der trinkfähige, fettarme von Bedeutung.

Limonaden
Sie bestehen aus Mineralwasser und Fruchtsäften oder anderen geschmacksgebenden Stoffen (zum Beispiel Ingwer in Ginger Ale). Bitterlimonaden enthalten darüber hinaus auch noch Chinin. Limonaden gibt es in vielen Geschmacksrichtungen, und sie sind ein unverzichtbarer Bestandteil vieler alkoholfreier Mixgetränke. Für die kalorienarmen, leichten Mixgetränke werden auch „Light"-Sorten angeboten.

Milch
Was wäre eine Bar ohne Milch? Niemand könnte einen der vielen Milchshakes zaubern oder einen alkoholfreien Drink mixen. Verwenden Sie möglichst Frisch-, ansonsten H-Milch. Für manche Drinks benötigen Sie auch Buttermilch oder trinkbaren Joghurt. Milchprodukte sind immer unentbehrlich, wenn cremig-zarte Mixgetränke verlangt werden.

Mineralwasser, Sodawasser, Tonic Water
Sie sind unverzichtbare kohlensäurehaltige und geschmacksneutrale Auffüller von alkoholfreien Mixgetränken. Welches Sie davon verwenden, bleibt Ihnen überlassen.

Obst- und Gemüsesäfte
Am besten schmecken natürlich frisch gepreßte Säfte, es gibt sie aber auch fertig zu kaufen.

Sahne
Wenn in diesem Buch davon die Rede ist, ist immer süße Sahne gemeint. Sie verfeinert manch köstlichen Drink oder Cocktail.

Sekt

Die Herstellung von Sekt ist etwas einfacher als die Champagnerherstellung, und deshalb ist er auch preiswerter. Er eignet sich hervorragend für alle Champagnercocktails und wird auch gern mit Fruchtsäften gemixt.

Wein

Für manche ist Wein pur einfach zum Genießen da, bei uns findet er in vielen Rezepten seine Verwendung, ob im Rotweinflip oder in der Bowle. Es gibt unzählige Weinsorten: roten, weißen und rosé. Aber für eine Bowle muß es nicht der teuerste und beste Wein sein!

Sirupe

Sie dienen zum Süßen und zur Aroma- und Farbgebung in vielen Mixgetränken. In alkoholfreien Drinks und Cocktails ersetzen sie die Spirituosen.

Coconut Cream
Dieser cremige Sirup wird aus Kokosnüssen hergestellt.

Grenadine
Der Granatapfelsirup verleiht vielen Mixgetränken eine schöne rote Farbe.

Orangen-, Schokoladen- und Vanillesirup
Diese Sirupe dienen ebenfalls dem Süßen, der Farbgebung und der Geschmacksverfeinerung von Mixgetränken.

Zuckersirup
Er wird häufig wegen seiner besseren Löslichkeit anstelle des Kristallzuckers eingesetzt. Zuckersirup können Sie auch leicht selber auf Vorrat zubereiten: 1 kg Zucker mit 1 l Wasser verrühren, bis zum Siedepunkt erhitzen und anschließend erkalten lassen.

Eis

Auch wenn es meistens absolut farb- und geschmacklos ist: Das Eis ist eines der wichtigsten Bestandteile fast jeden Mixgetränkes. Eiskalt muß es sein, egal ob nun Drink oder Cocktail, egal ob Sommer oder Winter.

So wird das Gefrierfach zum wichtigsten Außenposten jeder Hausbar – als unentbehrlicher Eiswürfellieferant.

Die Eiswürfel sollten möglichst groß sein, das macht nicht nur optisch – beim Longdrink – „mehr her", sondern große Eiswürfel speichern mehr Kälte und ein zu schnelles Schmelzen wird verhindert. Wobei wir schon mitten in der Kunst des Mixens sind, denn der richtige Umgang mit Eis will gelernt sein. Es besteht nämlich die Gefahr, daß man ein Mixgetränk verwässert. Nicht umsonst heißt es in den Anleitungen zur Herstellung der Drinks oder Cocktails fast immer: das Getränk abseihen. Also nicht so lange schütteln, bis sich das Eis im Shaker aufgelöst hat, oder die verbliebene Eiswürfelmenge in das Glas geben. Bei den meisten Mixgetränken dient das Eis lediglich zur Kühlung während des Schüttelns. Wer sich an dieser Stelle nun die Frage stellt: „Wieviel Eis muß ich denn dann nehmen?" oder „Wie lange muß ich denn schütteln beziehungsweise rühren?" der ist schon tief in die Geheimnisse des Mixens eingedrungen.

Hier macht Übung den Meister, und oft entscheidet auch der eigene Geschmack. Der eine mag es wäßrig, dem anderen ist es unverdünnt lieber. Als Richtlinie gilt: 2–4 Eiswürfel werden im Shaker mit den Zutaten 10–30 Sekunden geschüttelt. Bei den langen Kerls (Longdrinks, „on the rocks") kann es des Eises fast nie genug sein.

Wird im Rezept zerstoßenes Eis gefordert, dann dient dieses nicht nur zur Kühlung, sondern soll auch besonders intensiv schmeckende Getränke leichter und dünner machen. Sollten Sie noch keine Eismühle besitzen, so wickeln Sie einfach die Eiswürfel in ein Küchenhandtuch ein und schlagen mit dem Fleischklopfer das Eis in kleine Stücke. Wie bei allen anderen Zutaten, sollte auch beim Eis auf Qualität geachtet werden: Mineralwasser ist dem Leitungswasser vorzuziehen.

Kleine Barkunde

Nachdem Sie die Welt der Getränke kennengelernt haben, sollten Sie auch nicht vor der scheinbaren Fülle der Gerätschaften einer Hausbar zurückschrecken. Keine Sorge – Sie benötigen nicht sofort alle Utensilien! Viele von ihnen lassen sich anfangs durch einfache Küchengeräte ersetzen. Wichtig ist nur, daß beim Mixen auf unbedingte Sauberkeit geachtet wird. In diesem Kapitel finden Sie auch nützliche Hinweise zu den Dekorationen der verschiedenen Mixgetränke und nicht zuletzt zu den kleinen Snacks, die man dazu reicht.

Die Grundausstattung der Hausbar

Viele, die gern mit dem Mixen beginnen wollen, schrecken vor der Fülle der Gerätschaften zurück, die sie hier sehen. Aber keine Angst, denn viele Utensilien finden Sie sicherlich auch in Ihrer Küche. Außerdem könnte ja das eine oder andere Teil auf Ihrem nächsten Wunschzettel Platz finden. Richtiges und gutes Handwerkszeug erleichtert nämlich die Arbeit in der Hausbar. Viele praktische Utensilien erleichtern das Abmessen und das Mixen. Sie werden feststellen, daß Ihnen die Arbeit leichter von der Hand geht und auch mehr Spaß macht.

Das wichtigste Kriterium bei der Auswahl oder Anschaffung von Barzubehör ist die Tatsache, daß alles leicht zu reinigen sein muß. Am besten eignet sich aus diesem Grund Glas- oder Edelstahlzubehör.

Shaker (1)

Der Shaker sollte in keiner Bar fehlen. Mit ihm werden Zutaten gemixt, die sich nur schwer miteinander verbinden lassen. Ideal ist ein Fassungsvermögen von ½ bis ¾ Litern, das reicht für zwei bis drei Drinks. Der traditionelle Shaker besteht aus drei Teilen – dem Becher, dem Siebeinsatz und dem Deckel. Für Cocktailpartys empfiehlt es sich aber, einen größeren Boston-Shaker anzuschaffen. Dieser ist zweiteilig aus einem Metall und einem kleineren Glasbecher zusammengesetzt, die genau ineinanderpassen.
Beim Shaken ist es wichtig, rasch zu arbeiten. Zuerst gibt man Eiswürfel in den Becher und füllt dann alle erforderlichen Zutaten hinein. Schütteln Sie nicht länger als 10 bis 30 Sekunden, denn sonst verwässert Ihr Mixgetränk. Der Shaker sollte dann außen beschlagen sein. Danach wird der Drink in die Gläser gegossen. Wenn Sie mehrere Drinks auf einmal mixen, schenken Sie abwechselnd ein, denn sonst verwässert das Schmelzwasser, das sich unten im Shaker befindet, den letzten Drink.

Rühr- oder Mixglas (2)

Das Rühr- oder Mixglas ist der zweitwichtigste Bestandteil einer Hausbar. Es faßt einen Liter Flüssigkeit und ist mit einem Ausgießer versehen. Man verwendet es zum Verrühren sich leicht verbindender Zutaten. Dadurch wird ein Verwässern der Drinks verhindert.
Gießen Sie alle abgemessenen Zutaten, die Sie benötigen, in das vorgekühlte Mixglas, und rühren Sie nun kurz, aber kräftig um. Anstelle eines Mixglases können Sie auch eine Glaskaraffe oder den Glasbecher eines Boston-Shakers benutzen. Für das Abseihen in das Glas benutzen wir ein Barsieb.

Barsieb (3)

Das Barsieb, das auch als Strainer bezeichnet wird, dient dazu, Eiswürfel oder Fruchtkerne beim Abseihen ins Glas zurückzuhalten. Bei einem Standard-Shaker ist bereits ein Barsieb integriert.

Barlöffel (4)

Zum Verrühren der Zutaten in einem Mixglas oder Abmessen der Zutaten dient der Barlöffel. Er faßt genausoviel wie ein normaler Teelöffel, ist durch seinen langen Stiel aber beim Mixen einfacher zu handhaben. Manchmal ist er auch hilfreich, um beispielsweise Obststückchen in ein Longdrinkglas zu geben.
Bargabeln und -quirle sind ebenfalls sinnvolle Utensilien und werden oft als Dekoration mit dem Mixgetränk gereicht.

Meßbecher (5)

Zum Abmessen der Zutaten ist ein Meßbecher unabdingbar. Er ist nicht teuer, erleichtert die Arbeit an der Bar aber sehr. Außerdem hilft er dabei, Rezepturen genau einzuhalten.
Der Meßbecher ist doppelseitig zu nutzen. Sein Fassungsvermögen beträgt 2 cl beziehungsweise 4 cl. Es gibt ihn in vielen Materialien, abhängig vom persönlichen Geschmack und Geldbeutel, auch in Silber und Kunststoff.

DIE GRUNDAUSSTATTUNG DER HAUSBAR 21

Eiskübel (6)

Er ermöglicht es, Eis am Arbeitsplatz kurzfristig aufzubewahren. Falls Sie eine größere Party planen, denken Sie bitte auch daran, rechtzeitig für Eisnachschub zu sorgen. Sie sollten auch an zerstoßenes Eis denken, das vor allem bei Longdrinks Verwendung findet. Sie können es leicht mit Haushaltsutensilien selber bereiten. Zusätzliche Informationen zum Thema Eis finden Sie auf Seite 17.

Eiszange (7)

Mit der Eiszange kann man Eiswürfel aus dem Eiskübel nehmen. Für einige Rezepte braucht man allerdings zerstoßenes Eis. Dies sollte in einem extra Kübel aufbewahrt und mit einer Eisschaufel herausgenommen werden.

Spritzflasche (8)

In vielen Rezepten finden Sie die Mengenangabe „Spritzer" oder „dash". Dafür empfiehlt sich die Anschaffung einer Spritzflasche oder „Dash-bottle", in die die benötigten Spirituosen umgefüllt werden.

Rührstäbe (9)

Rührstäbe, auch Stirer genannt, gibt es in vielen Formen und Farben. Sie sind zum Umrühren von Drinks und Cocktails und als Dekoration gedacht. Außerdem sind sie sehr praktisch, wenn mehrere Personen den gleichen Drink kredenzt haben wollen, so kann es nicht zu Verwechslungen kommen.

Cocktailschale (10)

Sie ist der richtige Rahmen für einen raffinierten Cocktail. Cocktailschalen und -gläser sind in vielen Farben und Formen erhältlich.

Tumbler (11)

Diese großen und kleinen Bechergläser werden vor allem für Short- und Longdrinks verwendet. Den Tumblern ähneln die oft verwendeten Old-Fashioned-Gläser. Beide Gläserarten ähneln einfachen Wassergläsern.

Weinkelch (12)

In ihnen serviert man nicht nur Wein, sondern kann sie auch für Cocktails zweckentfremden. Auch bei ihnen gilt: Nur bei kristallklaren Gläsern kommt der farbenfrohe Drink oder Cocktail erst richtig zur Geltung. Zwar sind buntgefärbte Gläser eine Augenweide, doch lenken sie von der Schönheit des Inhalts ab.

Südweinglas (13)

Im Südweinglas serviert man nicht nur schwere, süße Weine. Auch für raffinierte Cocktails verwendet man das schmale Weinglas. Besonders Milchmixgetränke und Saftmischungen munden mit einem schönen Sahnehäubchen oder süßen Früchten garniert im Südweinglas besonders.

Sektflöte (14)

Sie sind neben Sektschalen der angemessene Rahmen für Champagnercocktails. Wer unbedingt einen Stilbruch begehen möchte, der kann einen Champagnercocktail natürlich auch aus einem Longdrinkglas oder einem Tumbler trinken – aber kann er ihn auch genießen?

Phantasieglas (15)

Diese Gläser eignen sich hervorragend für exotische Drinks und Milchmixgetränke. Phantasiegläser und Ballongläser sollte man in verschiedenen Formen in seiner Hausbar haben. Doch auch hier sollte man keinen stilistischen Faux-pas begehen: Einen klassischen Drink wie den Martini oder Manhattan sollte man nicht in verschnörkelten Designergläsern servieren. Bei bunt gemischten, karibischen Drinks dagegen kann die Phantasie des Gläserdesigners nicht ausschweifend genug sein. Manche Rezepturen und Drinknamen kommen oft nur durch das dazu passende Glas richtig zur Geltung. Beispielsweise die „Tigerlilly" auf Seite 92.

Küchenmesser und Schneidebrettchen

Sie sollten in keiner Bar fehlen. Sei es um Obst zu zerkleinern, das den Drink geschmacklich erweitern soll, oder Scheiben für die Dekoration abzuschneiden.

Korkenzieher und Sektflaschenverschluß

Diese beiden Utensilien finden sich sicherlich in jedem Haushalt und sind in der Bar natürlich sehr wichtig. Auch wenn Sie keinen Mix mit Wein oder Sekt planen – es soll immer Gäste geben, die ein schönes Glas Wein einem Mixgetränk vorziehen. Dann sollte auch der passionierte Mixer seine Bar geschlossen halten und ein gutes Tröpfchen entkorken.

Zitruspresse

Eine Zitruspresse vervollständigt die Barausrüstung und hilft Ihnen, immer frischen Zitronensaft parat zu haben. Haben Sie ungespritzte Zitronen zur Hand, können Sie die Schalen nach dem Auspressen noch als Dekoration verwenden.

Mixer

Der Mixer, auch Blender genannt, dient dazu, die verschiedensten Früchte zu pürieren. Außerdem erleichtert er das Mixen von Milchshakes und anderen Getränken, die Sahne, Joghurt, Dickmilch oder ähnliches enthalten. Der Mixer ist nicht zu verwechseln mit dem Shaker.

Dekorationen

Das Auge trinkt bekanntlich mit, und so sollten Sie auch besonders großen Wert auf eine schöne Dekoration ihrer Cocktails und Drinks legen.

In den meisten Rezepten finden Sie bereits Vorschläge, wie ein Mixgetränk garniert werden kann. Aber wie bereits gesagt, es sind nur Vorschläge!

Ganz wichtig sind Zitronen und Orangen in der Bar. Sie sollten auf alle Fälle ungespritzt und immer schon gewaschen sein. Das ist besonders wichtig, wenn die Schale für ein Rezept benötigt wird. Für Dekorationen werden Zitronen- oder Orangenschalen oft spiralförmig abgeschält und diese Spiralen später zum Garnieren eines Drinks oder Cocktails verwendet.

Sie sollten in Ihrer Hausbar auch eine große Auswahl an Dekorationsmaterial für Ihre Drinks haben. Dazu gehören nicht nur Schirmchen und Trinkhalme in allen Farben, sondern auch Cocktailspieße, Papierfrüchte und andere Spielereien, die einen Drink zieren können. In professionellen Cocktailbars ist der Überbau der Mixgetränke oft höher als das Glas selbst: Da gibt es Fruchttürme, riesige Spieße, Papierpalmen und -tiere, Wunderkerzen und weiteren Hokuspokus, um den Trinkgenuß noch intensiver zu gestalten.

Besonders eindrucksvoll wirkt auch ein Zuckerrand am Glas. Dafür reibt man den Glasrand mit Zitronensaft ein und stülpt das Glas danach in ein Schälchen mit Zucker. Natürlich muß man dabei auf die geschmackliche Verträglichkeit achten, denn bei vielen Mixturen wäre ein Zuckerrand furchtbar unpassend.

Dekorationsmaterial erhält man in fast allen Haushaltwarengeschäften, Warenhäusern, Möbel- und Einrichtungsfachgeschäften sowie im Dekorationsfachhandel.

Kleine Snacks

Zu Cocktails nascht man „Sundries", das sind kleine herzhafte Kalorienspender. Alkohol macht bekanntlich Durst und so sind diese kleinen Häppchen auch immer willkommen. Jeder nascht sicherlich gerne gesalzene Nüsse, Salzstangen oder anderes Salzgebäck. Achten Sie aber unbedingt darauf, daß alle Knabbereien frisch und nicht etwa aufgeweicht sind. Käsehäppchen sind zum Alkohol ebenfalls herzlich willkommen. Schneiden Sie hierfür verschiedene Käsesorten in gleichmäßige Würfel und servieren Sie sie zusammen mit Oliven, Perlzwiebeln, Weintrauben, Artischocken, Maiskölbchen oder ähnlichem.

Sehr beliebt sind auch die Dips. Rühren Sie hierfür Doppelrahm-Frischkäse mit verschiedenen Gewürzen und Kräutern nach Geschmack an, und servieren Sie ihn in kleinen Schüsseln. Jetzt kann sich jeder mit seinem Cracker daraus bedienen.

Sundries und andere kleine Häppchen serviert man hauptsächlich auf richtigen Cocktailpartys, bei denen es weder Sitzplätze, noch eine Tafel gibt. Natürlich werden Cocktails auch bei unzähligen anderen Anlässen getrunken. Lädt man zum Abendessen und serviert vor der Mahlzeit noch einen Cocktail, dann wird dieser natürlich ohne die kleinen Leckerbissen gereicht. Steht Ihre Cocktailparty unter einem Motto, darf es auf Kosten der Tradition auch mal üppiger werden: Ein Manhatten zum Hot-Dog, zum Wodka-Drink Borschtsch, zum Amaretto Pasta usw.

Aperitifs – die stilvollen Magenwärmer

Der Begriff Aperitif wurde von dem lateinischen „aperire" (öffnen) abgeleitet; „geöffnet" werden soll in diesem Fall unser Magen. Ein guter Aperitif soll den Appetit anregen, die Geschmacksnerven nicht beeinträchtigen und nicht zuletzt die Zeit vor einem guten Essen verkürzen. Er soll helfen, sich zu entspannen und sich mit netten Leuten zu unterhalten. Alle Getränke, die nicht zu süß und zu alkoholreich sind und einen leicht bitteren Geschmack haben, sind als Aperitif geeignet. Als Klassiker gelten Vermouth, Sherry, Campari, Dubonnet, Pernod und Pastis.

APERITIFS

Adonis

2 cl Vermouth Bianco
1 cl Vermouth Rosso
2 cl Sherry Fino
1 Spritzer Orange-Bitter

1. Alle Zutaten in einem Mixglas mit Eis gut verrühren.
2. Das fertige Getränk in eine gut vorgekühlte Cocktailschale abseihen und sofort servieren.
(Foto Seite 29: links)

Blue Monday

½ Wodka
¼ Curaçao blue
¼ Curaçao Triple sec
1 Scheibe einer ungespritzten Orange

1. Alle Zutaten in einem Mixglas mit Eis verrühren.
2. Das Getränk langsam in ein Cocktailglas abseihen.
3. Das Glas mit der Orangenscheibe garnieren und sofort servieren.

Far West

⅓ Cognac
⅓ Eierlikör
⅓ Vermouth Dry
1 Spritzer Angostura
etwas Zimt

1. Alle Zutaten in einem Shaker mit sehr viel Eis schütteln.
2. Den fertigen Aperitif sofort in ein Cocktailglas abseihen und mit etwas Zimt bestreuen.

East India

3 cl Gin
1 cl Curaçao Triple sec
1 cl Ananassaft
1 Spritzer Angostura
1 Cocktailkirsche

1. Alle Zutaten mit Eis in einem Shaker gut schütteln.
2. Den Aperitif in ein Cocktailglas abseihen.
3. Zum Schluß das Getränk mit einer Cocktailkirsche garnieren.

Emerald

3 cl Gin
1 cl Chartreuse grün
1 cl Chartreuse gelb
1 Paprika-Olive

1. Alle Zutaten in einem Mixglas mit Eis gut verrühren.
2. Nach dem Abseihen in ein Cocktailglas den Aperitif mit einer Paprika-Olive garnieren.

Campari Cocktail

2 cl Campari
2 cl Gin
2 cl Vermouth Rosso
1 Scheibe einer ungespritzten Orange

1. Die Zutaten in einem Shaker mit Eiswürfeln kräftig schütteln.
2. Nach dem Abseihen in eine Cocktailschale das Getränk mit einer Scheibe einer ungespritzten Orange garnieren.
(Foto Seite 29: rechts)

Empire State

½ Gin
¼ Cognac
¼ Apricot Brandy
1 Cocktailkirsche

1. Gin, Cognac und Apricot Brandy in einem Shaker mit Eis gut schütteln.
2. Das Getränk in ein Cocktailglas abseihen und mit einer Cocktailkirsche garnieren.

Bamboo

3 cl Sherry Fino
3 cl Vermouth Dry
1 Spritzer Orange-Bitter
1 Scheibe einer ungespritzten Zitrone

1. Sherry, Vermouth und Orange-Bitter in einem Mixglas mit Eiswürfeln gut verrühren.
2. Alles in eine Cocktailschale abseihen und mit einer Zitronenscheibe garnieren.

APERITIFS 29

Fancy Campari

4 cl Campari
2 cl Wodka
2 Spritzer Angostura

1. Alle Zutaten in einem Shaker mit Eis schütteln.
2. Danach den Aperitif in ein Cocktailglas abseihen und servieren.

American Beauty

2 cl Cognac
1 cl Vermouth Dry
1 cl Vermouth Rosso
0,5 cl Crème de Menthe, weiß
2 cl Orangensaft
etwas Portwein nach Geschmack

1. Alle Zutaten außer dem Portwein im Shaker mit Eis gut schütteln.
2. Einen Tumbler mit Eiswürfeln füllen.
3. Das Getränk aus dem Shaker langsam in den Tumbler abseihen.
4. Zum Schluß langsam über das Ganze Portwein fließen lassen.

— BARGEFLÜSTER —

Auch wenn Aperitifs und „Before Dinner"-Drinks als Appetitanreger gelten, füllen sie doch den Magen. Es sollte also nie mehr als ein Glas serviert werden, sonst wirken die Drinks schnell sättigend.

Flamingo

½ Gin
¼ Apricot Brandy
¼ Zitronensaft
2 Spritzer Grenadine

1. Alle Zutaten in einem mit Eis gefüllten Shaker gut schütteln.
2. Das Getränk in ein Cocktailglas abseihen.

Gimlet

½ Gin
½ Rose's Lime Juice
1 Scheibe einer ungespritzten Zitrone

1. Gin und Juice in einem Mixglas mit Eis verrühren.
2. Nach dem Abseihen in ein Cocktailglas den Aperitif mit einer halben Zitronenscheibe garnieren.

Flying Saucer

⅓ Cognac
⅓ Bourbon Whiskey
⅓ Grand Marnier

1. Sämtliche Zutaten in einem Shaker mit Eis gut schütteln.
2. Danach das Getränk in ein Cocktailglas abseihen und servieren.

Primavera

4 cl Williams Birne
1 cl Pisang Ambon
1 cl Limettensaft
1 Williams Birne
etwas roter Streuzucker
1 Zitronenscheibe

1. Zuerst den Rand eines Cocktailglases mit einer Zitronenscheibe einreiben.
2. Danach den feuchten Glasrand sofort in roten Streuzucker tauchen.
3. Sämtliche Zutaten in einem Mixglas mit Eis verrühren und in das vorbereitete Glas abseihen.
4. Zusätzlich kann das Glas mit einer eingelegten Williams Birne verziert werden.
(Foto Seite 31: Mitte)

Golden Heath

⅓ Calvados
⅓ Drambuie
⅓ Zitronensaft

1. Die Zutaten in einem Shaker mit Eis kräftig schütteln.
2. Den fertigen Aperitif in ein Cocktailglas abseihen und servieren.

Grande Duchesse

3 cl Wodka
1 cl Rum
1 cl Zitronensaft
1 Barlöffel Grenadine

1. Sämtliche Zutaten in einem mit Eis gefüllten Shaker gut schütteln.
2. Das fertige Getränk sofort in ein Cocktailglas abseihen und servieren.

Bitter Sweet

3 cl Vermouth Dry
3 cl Vermouth Bianco
1 Spritzer Angostura
etwas ungespritzte Orangenschale

1. Sämtliche Zutaten in ein Cocktailglas mit Eis geben und leicht rühren.
2. Eine Orangenschale über den Glasrand knicken und in den Bitter Sweet geben.
(Foto Seite 31: rechts)

Bombay

2 cl Cognac
2 cl Vermouth Rosso
1 cl Vermouth Dry
3 Tropfen Pernod

1. Alle Zutaten in einem Mixglas mit reichlich Eis verrühren.
2. Danach den Aperitif sofort in eine gut vorgekühlte Cocktailschale abseihen.
(Foto Seite 31: links)

Gloom Lifter

3 cl Irish Whiskey
1 cl Zitronensaft
1 cl Zuckersirup
1 Spritzer Eiweiß
etwas ungespritzte Zitronenschale

1. Alle Zutaten, einschließlich dem Eiweiß, in einem mit Eis gefüllten Shaker kräftig schütteln.
2. Danach das Getränk in ein Cocktailglas abseihen und die Zitronenschale in das fertige Getränk geben.

First Night

½ Cognac
¼ Kaffeelikör
¼ Grand Marnier
1 Barlöffel süße Sahne

1. Die Zutaten in einem Shaker mit Eis kräftig schütteln.
2. Danach den fertigen Aperitif sofort in ein Cocktailglas abseihen und servieren.

Berlenga

6 cl weißer Portwein
2 cl Gin
1 Scheibe einer ungespritzten Zitrone

1. Portwein und Gin in einem Shaker mit viel Eis gut schütteln.
2. Den Aperitif in ein Cocktailglas abseihen und mit einer Zitronenscheibe garnieren.
(Foto: links vorne)

Tomate

2 cl Pastis
1 cl Grenadine
Wasser

1. Die beiden Zutaten in ein Cocktailglas geben und einen Eiswürfel hinzufügen.
2. Danach das Getränk gut umrühren und mit Wasser nach Geschmack auffüllen.
(Foto: rechts)

Rallo

4 cl Marsala
2 cl Cognac
2 cl Orangensaft
1 Scheibe einer ungespritzten Orange

1. Die Zutaten in einem Shaker mit Eis gut schütteln und sofort in ein Cocktailglas abseihen.
2. Das Glas mit einer Orangenscheibe garnieren.
(Foto Seite 32: hinten)

Journalisten Cocktail

½ Gin
¼ Vermouth Rosso
¼ Vermouth Dry
2 Spritzer Zitronensaft

1. Alle Zutaten in einem Mixglas mit reichlich Eis verrühren.
2. Den fertigen Cocktail sofort in ein Cocktailglas abseihen.

Imperial

2 cl Gin
2 cl Vermouth Dry
1 Barlöffel Maraschino
1 Spritzer Angostura
1 Olive

1. Die Zutaten in einem Mixglas mit Eis verrühren und danach sofort in ein Cocktailglas abseihen.
2. Den Aperitif mit einer Olive garnieren und servieren.

Habitant

⅓ Gin
⅓ Vermouth Rosso
⅓ Ahornsirup
2 Spritzer Angostura

1. Alle Zutaten in einem Shaker mit Eis kräftig schütteln.
2. Den aus der kanadischen Stadt Quebec stammenden Aperitif in ein Cocktailglas abseihen und sofort servieren.

Waldorf

⅓ Irish Whiskey
⅓ Pernod
⅓ Vermouth Rosso
2 Spritzer Angostura

1. Alle Zutaten in einem Shaker mit Eis schütteln.
2. Danach das Ganze in eine Cocktailschale abseihen.

Tennessee

4 cl Whiskey
1 cl Maraschino
1 Spritzer Zitronensaft

1. Alle Zutaten im Shaker mit Eis kräftig schütteln.
2. Den Tennessee in ein Cocktailglas abseihen.

BARGEFLÜSTER

Es versteht sich fast von selbst, daß man für den Tennessee einen „good old" Whiskey aus dem gleichnamigen Südstaatenland verwendet. Die Geschmacksnerven werden für diese „milde" Gabe dankbar sein.

Zasa, Zasa

⅓ Gin
⅓ Vermouth Rosso
⅓ Dubonnet

1. Die Zutaten in einem Mixglas mit Eis gut verrühren.
2. Danach das Ganze in eine Cocktailschale abseihen.

Hurricane

3 cl Cognac
1 cl Wodka
1 cl Pernod

1. Cognac, Wodka und Pernod in einem Shaker mit Eis gut schütteln.
2. Den Hurricane in ein Cocktailglas abseihen und so schnell wie möglich servieren.

Manhattan

4 cl Canadian Whiskey
2 cl Vermouth Rosso
1 Spritzer Angostura
1 Cocktailkirsche

1. Für den wohl zu den bekanntesten Drinks zählenden Manhattan werden alle Zutaten in einem Mixglas mit reichlich Eis verrührt.
2. Danach wird das Ganze in eine gut vorgekühlte Cocktailschale abgeseiht.
3. Zum Schluß wird das Glas mit einer Cocktailkirsche garniert.
(Foto Seite 35: rechts vorne)

Manhattan Dry

4 cl Canadian Whiskey
2 cl Vermouth Dry
etwas ungespritzte Zitronenschale

1. Whiskey und Vermouth in einem mit Eis gefüllten Mixglas gut verrühren.
2. Den Manhattan Dry dann in eine Cocktailschale abseihen und mit einer über den Glasrand geknickten Zitronenschale garnieren.

Martini Medium Cocktail

4 cl Gin
1 cl Vermouth Rosso
1 cl Vermouth Dry
etwas ungespritze Zitronenschale

1. Auch diese Variante des Martini in einem Mixglas mit Eis verrühren und in eine Cocktailschale abseihen.
2. Etwas Zitronenschale über dem Ganzen ausdrücken und sofort servieren.
(Foto Seite 35: links hinten)

Martini Sweet

4 cl Gin
2 cl Vermouth Rosso
1 Cocktailkirsche

1. Die Zutaten in einem Mixglas mit Eis verrühren und danach gleich in eine Cocktailschale abseihen.
2. Den Martini Sweet dann mit einer Cocktailkirsche verzieren.
(Foto Seite 35: rechts hinten)

Martini Dry

5 cl Gin
1 cl Vermouth Dry
1 Olive

1. Die beiden Zutaten mit Eis in einem Mixglas gut verrühren und danach in ein Cocktailglas abseihen.
2. Zum Schluß den Martini mit einer Olive garnieren.
(Foto Seite 35: links Mitte)

--- BARGEFLÜSTER ---

Was wäre eine Cocktailbar ohne den „Manhattan"? Und wie das mit Berühmtheiten nun mal so ist, ranken sich auch um diesen klassischen Drink viele Legenden und Gerüchte.
Die schönste Entstehungsgeschichte des Manhattan entführt uns in das Jahr 1624, als es dem deutschen Siedler Peter Minnewit gelang, dem Häuptling der Manhattan-Indianer die Insel Manhattan für Waren im Wert von 24 Dollar abzukaufen. Dieses Getränk soll ihm dabei eine große Hilfe gewesen sein. War der Manhattan etwa auch an der Idee beteiligt, an den Wolken zu kratzen?

Bronx

4 cl Gin
2 cl Vermouth Rosso
3 cl Orangensaft
etwas ungespritzte Orangenschale

1. Sämtliche Zutaten in einem Shaker mit Eis gut schütteln und danach sofort in eine vorgekühlte Cocktailschale abseihen.
2. Zum Garnieren kann etwas Orangenschale über den Rand geknickt werden.
(Foto Seite 35: rechts Mitte)

Manhattan Medium Cocktail

4 cl Canadian Whiskey
1 cl Vermouth Dry
1 cl Vermouth Rosso
etwas ungespritzte Zitronenschale

1. Die Zutaten in einem mit Eis gefüllten Mixglas verrühren und in eine Cocktailschale abseihen.
2. Die Zitronenschale über dem fertigen Cocktail ausdrücken und servieren.
(Foto Seite 35: links vorne)

Royal Cocktail

⅓ Gin
⅓ Vermouth Dry
⅓ Cherry Brandy
1 Spritzer Maraschino
1 Maraschino-Kirsche

1. Alle Zutaten in einem Shaker mit reichlich Eis gut schütteln und danach sofort in ein Cocktailglas abseihen.
2. Das Glas zum Schluß mit einer Maraschino-Kirsche garnieren und servieren.

Louisiana

½ Apricot Brandy
¼ Gin
¼ Grapefruitsaft

1. Die Zutaten in einem Shaker mit Eis schütteln.
2. Den fertigen Aperitif in ein Cocktailglas abseihen und servieren.

Madagaskar

¾ Bacardi hell
¼ Orangensaft
1 Spritzer Zitronensaft

1. Bacardi, Orangen- und Zitronensaft in einem Shaker mit Eis schütteln.
2. Das Getränk in eine Cocktailschale abseihen und servieren.

Lulu's Cocktail

1/3 Cointreau
1/3 Orangensaft
1/3 Zitronensaft
etwas ungespritzte
Orangenschale

1. Alle Zutaten in einem Shaker mit Eis schütteln und danach gleich in eine Cocktailschale abseihen.
2. Das Glas mit einer Orangenschale garnieren und sofort servieren.

May Blossom

3 cl Gin
1 cl Curaçao Triple sec
1 cl Schwedenpunsch
etwas ungespritzte
Orangenschale

1. Sämtliche Zutaten in einem mit Eis gefüllten Shaker schütteln und danach in ein Cocktailglas abseihen.
2. Zum Schluß das Glas mit etwas Orangenschale garnieren.

Knock out

1/3 Vermouth Dry
1/3 Anisette
1/3 Gin
2 Spritzer weißen
Pfefferminzlikör

1. Sämtliche Zutaten in einem Shaker mit Eis kräftig schütteln.
2. Diesen erstaunlich belebenden K.o.-Schlag sofort in ein Cocktailglas abseihen und servieren.

Rolls Royce

2 cl Gin
2 cl Vermouth Dry
2 cl Vermouth Rosso
1 Spritzer Bénédictine

1. Sämtliche Zutaten in einem Mixglas mit Eis gut verrühren.
2. Den Rolls Royce in eine Cocktailschale abseihen und sofort servieren.

— BARGEFLÜSTER —

Die phantasievolle Namensgebung gehört zur Mixerei wie Manhattan zu New York. Doch auch vor etablierten Cocktails macht die Phantasie nicht halt: So haben vielleicht ein „Knock out" in Rio und einer in Paris nur den Namen gemeinsam. Und so mancher bestellte Rolls Royce entpuppte sich schon als reinrassiger „Mischling".

Cynar Cocktail

3 cl Cynar (Artischocken-Bitter)
3 cl Vermouth Bianco
1 Scheibe einer ungespritzten
Orange

1. Cynar und Vermouth in ein mit Eis gefülltes Aperitifglas geben und gut verrühren.
2. Das Glas mit einer Orangenscheibe garnieren und sofort servieren.

Miami Beach

1/3 Whiskey
1/3 Vermouth Dry
1/3 Grapefruitsaft

1. Alle Zutaten in einem Shaker mit Eis kräftig schütteln.
2. Den fertigen Aperitif, der nicht nur in Miami Beach schmeckt, in ein Cocktailglas abseihen und servieren.

Five o'clock

2 cl Gin
2 cl weißer Rum
2 cl Vermouth Rosso
2 cl Orangensaft

1. Alle Zutaten in einem Shaker mit Eis kurz aber kräftig schütteln.
2. Den fertigen Aperitif in eine gut vorgekühlte Cocktailschale abseihen und servieren.

April Shower

3 cl Cognac
1 cl Bénédictine
3 cl Orangensaft

1. Alle Zutaten in einem Shaker mit Eis gut schütteln.
2. Das fertige Getränk in eine vorgekühlte Sektschale abseihen.
(Foto Seite 39: ganz links)

Tango

⅓ Gin
⅓ Vermouth Rosso
⅙ Curaçao Orange
⅙ Orangensaft

1. Alle Zutaten mit viel Eis in einem Shaker kräftig schütteln.
2. Danach das fertige Getränk sofort in ein Cocktailglas abseihen.

Rose

3 cl Vermouth Dry
3 cl Kirschwasser
1 Spritzer Grenadine

1. Die Zutaten im Mixglas mit reichlich Eis verrühren.
2. Den fertigen Aperitif in eine Cocktailschale abseihen und servieren.
(Foto Seite 39: links hinten)

Wembley

⅓ Scotch Whisky
⅓ Vermouth Dry
⅓ Ananassaft

1. Sämtliche Zutaten in einem Shaker mit Eis kräftig schütteln.
2. Den Wembley in ein Cocktailglas abseihen und sofort servieren.

Rumba

⅔ Rum
⅓ Gin
1 Spritzer Grenadine

1. Die Zutaten in einem Shaker mit Eis gut schütteln.
2. Das fertige Getränk in ein Cocktailglas abseihen.

Eastwind

2 cl Wodka
2 cl Vermouth Dry
2 cl Vermouth Rosso
½ Scheibe einer ungespritzten Orange
½ Scheibe einer ungespritzten Zitrone

1. Wodka und Vermouth in ein mit Eis gefülltes Aperitifglas geben und gut verrühren.
2. Das Glas mit jeweils einer halben Orangen- und Zitronenscheibe garnieren.
(Foto Seite 39: rechts vorne)

Wodka special

3 cl Wodka
1 cl Zitronensaft
1 cl Crème de Cacao weiß

1. Die Zutaten in einem Shaker mit Eis gut schütteln.
2. Den Aperitif in ein Cocktailglas abseihen und sofort servieren.

Fallen Leaves

2 cl Calvados
2 cl Vermouth Rosso
1 cl Vermouth Dry
etwas ungespritze Zitronenschale

1. Die Zutaten in einem Mixglas mit Eis gut verrühren und in eine Cocktailschale abseihen.
2. Der Glasrand kann mit einem Stück Zitronenschale garniert werden.
(Foto Seite 39: ganz rechts)

Drinks und Cocktails nach dem Essen

Um ein gutes Essen angemessen abzuschließen, gibt es viele Möglichkeiten. Ein üppiges Mahl kann mit einem Cognac, einem Klaren, einem Kräuterlikör oder einem Whiskey beendet werden. Raffinierter sind allerdings die vielen Mixgetränke, die auch „After-Dinner"-Drinks genannt werden.
Sie sollen dem Magen beim Verdauen helfen und nicht zuletzt die Stimmung nach dem Essen vor dem Abflauen bewahren.
Wer sich oder seinen Gästen keine allzu harten Getränke und Mixturen zumuten möchte, der findet in diesem Kapitel auch eine Auswahl von cremigen Dessertdrinks.

Abraxas

⅓ Fernet Branca
⅓ Vermouth Rosso
⅓ Pfefferminzlikör

1. Alle Zutaten mit oder ohne Eis in einem Mixglas gut verrühren.
2. Das Getränk in ein Cocktailglas abseihen und gleich servieren.

Irish Cocktail

½ Pfefferminzlikör grün
½ Vermouth Dry
1 Spritzer Angostura

1. Die Zutaten in einem Shaker mit Eis gründlich schütteln.
2. Den erfrischenden Cocktail in ein entsprechendes Cocktailglas abseihen.

Bees Kiss

1 cl Honig
1 cl Sahne
3 cl Bacardi

1. Alle Zutaten in einem Shaker mit reichlich Eis schütteln.
2. Das Getränk in ein Cocktailglas abseihen und servieren.

Bel Ami

⅓ Eierlikör
⅓ Crème de Cacao weiß
⅓ Wodka

1. Die Zutaten in einem Shaker mit Eis kurz aber kräftig schütteln.
2. Den Bel Ami sofort in ein Cocktailglas abseihen und servieren.

Atta Boy

⅓ Vermouth Dry
⅔ Gin
1 Barlöffel Grenadine
½ Scheibe einer ungespritzten Zitrone

1. Vermouth, Gin und Grenadine in einem mit Eis gefüllten Shaker gut schütteln und in ein Cocktailglas abseihen.
2. Das Glas zum Schluß mit einer halben Zitronenscheibe garnieren.

God Mother

3 cl Wodka
2 cl Amaretto

1. Alle Zutaten in einen mit Eis gefüllten Tumbler geben und gut verrühren.
2. Den fertigen Drink sofort servieren.

Acapulco

1 cl Zitronensaft
1 cl Curaçao Triple sec
3 cl Bacardi
3 Spritzer Maraschino

1. Sämtliche Zutaten in einen Shaker mit Eis geben und gut schütteln.
2. Alles sofort in ein Cocktailglas abseihen und servieren.

Wodka Stinger

3 cl Wodka
2 cl Crème de Menthe grün

1. Eiswürfel in einen Tumbler geben.
2. Die Zutaten dazugeben, kräftig verrühren und sofort servieren.
(Foto Seite 42: Mitte vorn)

---BARGEFLÜSTER---

Zwar gilt der Wodka als Kartoffelschnaps, in der Regel wird Wodka (russisch für „Wässerchen") heute jedoch aus Getreide hergestellt. Geschmacklich spielt das keine Rolle: Das Destillat schmeckt weder nach Kartoffeln noch nach Korn.
Übrigens gehört es keineswegs zum vollkommenen Wodkagenuß, die Gläser anschließend hinter sich zu werfen. Diese Sitte stammt aus rauheren Tagen. Von ihr ist heute eher abzuraten!

Red Russian

3 cl Wodka
2 cl Kirschlikör

1. Eiswürfel in einen Tumbler geben.
2. Die Zutaten dazugeben und verrühren.
(Foto Seite 42: hinten Mitte)

White Russian

3 cl Wodka
2 cl Kahlúa
Schlagsahne

1. Wodka und Kahlúa mit Eis in einem Mixglas verrühren und in ein Cocktailglas abseihen.
2. Zum Schluß den Cocktail mit einem Sahnehäubchen dekorieren.
(Foto: ganz hinten)

Sophia

4 cl Amaretto
1 cl Crème de Menthe grün
3 cl Sahne
gehackte Mandeln

1. Sämtliche Zutaten, mit Ausnahme der Mandeln, in einem Shaker gut schütteln.
2. Den fertigen Cocktail in ein Old-Fashioned-Glas abseihen und mit den fein gehackten Mandeln bestreuen.

Black Russian

3 cl Wodka
2 cl Kahlúa

1. Eis, Wodka und Kahlúa in einen Tumbler geben.
2. Alle Zutaten gut verrühren und sofort servieren.
(Foto Seite 42: links hinten)

Alexander

⅓ Crème de Cacao braun
⅓ Cognac
⅓ Sahne
etwas Zimt

1. Alle Zutaten, außer dem Zimt, in einem Shaker mit Eis kräftig schütteln und in ein Cocktailglas abseihen.
2. Den Cocktail nach Geschmack mit etwas Zimt bestreuen.

44 DRINKS UND COCKTAILS NACH DEM ESSEN

Yellow Finger

2 cl Gin
2 cl Brombeer Brandy
1 cl Bananenlikör
1 Spritzer Sahne

1. Die Zutaten in einem mit Eis gefüllten Shaker gut schütteln.
2. Den Yellow Finger, der in New York kreiert wurde, in ein Cocktailglas abseihen und servieren.

B and C

2 cl Bénédictine
2 cl Calvados

1. In einen Tumbler etwas Eis geben.
2. Danach die Zutaten dazugeben und gut verrühren.
(Foto Seite 44: ganz links)

Toronto

¾ Canadian Club
¼ Fernet Branca
1 Barlöffel Zuckersirup
1 Spritzer Angostura

1. Die Zutaten in einem mit Eis gefüllten Shaker kräftig schütteln.
2. Den Toronto in ein Cocktailglas abseihen und sofort servieren.

Red Lion

⅓ Gin
⅓ Grand Marnier
⅙ Orangensaft
⅙ Zitronensaft
1 Scheibe einer ungespritzten Zitrone

1. Alle Zutaten in einem Shaker mit viel Eis kräftig schütteln und in ein Cocktailglas abseihen.
2. Den Cocktail mit einer Zitronenscheibe garnieren.

B and P

2 cl Brandy
2 cl Portwein

1. Einen großen Eiswürfel in einen Tumbler geben.
2. Alles zusammen gut verrühren und servieren.
(Foto Seite 44: zweiter von rechts)

B and B

2 cl Brandy (oder Cognac)
2 cl Bénédictine

1. Eiswürfel in einen Tumbler geben.
2. Die Zutaten über das Eis geben und verrühren.
(Foto Seite 44: Mitte)

Sundowner

¾ Cognac
¼ Grand Marnier
1 Spritzer Zitronensaft
1 Spritzer Orangensaft
1 Kirsche
1 Scheibe einer ungespritzten Orange

1. Sämtliche Zutaten in einem Shaker mit Eis schütteln und in ein Cocktailglas abseihen.
2. Den Cocktail mit einer Kirsche und Orangenscheibe garnieren.

Russian Fruit

4 cl Wodka
2 cl Himbeerlikör

1. Einen Tumbler zur Hälfte mit Eis füllen.
2. Alle Zutaten über das Eis gießen und kräftig verrühren.
(Foto Seite 44: ganz rechts)

Screwdriver

4 cl Wodka
Orangensaft
etwas ungespritzte
Orangenschale

1. In einen Tumbler etwas Eis geben und den Wodka darübergießen.
2. Den Cocktail mit Orangensaft nach Geschmack auffüllen und mit einer Orangenschale garnieren.

Game

3 cl Gin
1 cl Apricot Brandy
1 cl Amaretto

1. Einen Eiswürfel in einen Tumbler geben.
2. Alle Zutaten über das Eis gießen und verrühren.
(Foto Seite 44: zweiter von links)

Fox River

¾ Whiskey
¼ Crème de Cacao weiß
1 Barlöffel Peachbitter

1. Die Zutaten in einem Shaker mit Eis schütteln.
2. Den Fox River sofort in ein Cocktailglas abseihen und servieren.

White Lady

4 cl Gin
2 cl Curaçao Triple sec
2 cl Zitronensaft

1. Die Zutaten in einem Shaker mit Eis kräftig schütteln.
2. Die White Lady in ein gut vorgekühltes Cocktailglas abseihen und servieren.
(Foto Seite 47: rechts)

Havanna Club

⅓ Vermouth Rosso
⅓ Sherry
⅓ weißer Rum
1 Maraschino-Kirsche

1. Alle Zutaten in einem Mixglas mit Eis gut verrühren und dann sofort in ein Cocktailglas abseihen.
2. Eine Maraschino-Kirsche als Dekoration dazugeben und servieren.

Bermuda

¼ Peach Brandy
¾ Gin
1 Barlöffel Grenadine
1 Barlöffel Orangensaft
½ Scheibe einer ungespritzten Orange

1. Alle Zutaten in einem mit Eis gefüllten Shaker gut schütteln und in ein Cocktailglas abseihen.
2. Das Glas zum Schluß mit einer halben Orangenscheibe garnieren.

Pink Lady

4 cl Gin
2 cl Calvados
1 cl Grenadine
1 cl Zitronensaft

1. Alle Zutaten in einem Shaker mit Eis schütteln.
2. Die Pink Lady dann sofort in ein Cocktailglas abseihen.
(Foto Seite 47: links)

Moscow Mule

4 cl Wodka
2 cl Zitronensaft
Ginger-ale
1 Scheibe einer ungespritzten Zitrone

1. Wodka und Zitronensaft in einen Tumbler mit Eis geben und mit Ginger-ale nach Geschmack auffüllen.
2. Das Glas mit einer Zitronenscheibe garnieren und sofort servieren.

Jalapa

⅓ Tequila
⅓ Papayasaft
⅓ Limettensaft

1. Tequila, Papaya- und Limettensaft in einem Shaker mit Eis kräftig schütteln.
2. Das fertige Getränk in ein Cocktailglas abseihen und servieren.

Papa Doble

4 cl Rum
1 Barlöffel Limettensaft
1 Barlöffel Grapefruitsaft

1. Alle Zutaten in einem Shaker mit Eis schütteln.
2. Das fertige Getränk, das aus Havanna stammt, in ein Cocktailglas füllen und sofort servieren.

Churchill

¾ Scotch Whisky
¼ Vermouth Rosso
1 Spritzer Curaçao Triple sec
1 Spritzer Zitronensaft
etwas ungespritzte Zitronenschale

1. Sämtliche Zutaten in einem Shaker mit Eis gut schütteln und in ein Cocktailglas abseihen.
2. Das Glas mit etwas Zitronenschale garnieren.

Cuban Cocktail

3 cl Bacardi
1 cl Apricot Brandy
1 cl Zitronensaft
½ Scheibe einer ungespritzten Zitrone

1. Bacardi, Apricot Brandy und Zitronensaft in einem Shaker mit Eis schütteln und in ein Cocktailglas abseihen.
2. Den Cocktail mit einer halben Zitronenscheibe garnieren.

DRINKS UND COCKTAILS NACH DEM ESSEN 47

48 DRINKS UND COCKTAILS NACH DEM ESSEN

Paradise

⅓ Apricot Brandy
⅓ Gin
⅓ Orangensaft
½ Scheibe einer ungespritzten Orange

1. Alle Zutaten in einem Shaker mit Eis kräftig schütteln und in ein Cocktailglas abseihen.
2. Das Glas mit einer halben Orangenscheibe garnieren.

Uptown

2 cl Jamaika Rum
1 cl Ananassaft
1 cl Orangensaft
1 cl Zitronensaft

1. Die Zutaten in einem Shaker mit viel Eis kräftig schütteln.
2. Alles in ein Cocktailglas abseihen und servieren.

Rusty Nail

3 cl Scotch Whisky
2 cl Drambuie

1. Einen großen Eiswürfel in einen Tumbler (oder ein Old-Fashioned) geben.
2. Die beiden Zutaten über das Eis geben und verrühren.
(Foto Seite 42: ganz rechts)

Side Car

⅓ Curaçao Triple sec
⅓ Cognac
⅓ Zitronensaft
½ Scheibe einer ungespritzten Zitrone

1. Sämtliche Zutaten in einem Shaker mit Eis schütteln und in ein Cocktailglas abseihen.
2. Das Glas zum Schluß mit einer halben Zitronenscheibe garnieren.

Hawaiian Cocktail

⅔ Gin
⅓ Orangensaft
1 Barlöffel Grand Marnier

1. Alle Zutaten in einem Shaker mit Eis gut schütteln.
2. Das fertige Getränk in ein Cocktailglas abseihen und sofort servieren.

Margarita

4 cl Tequila
2 cl Cointreau
2 cl Zitronensaft
1 Scheibe einer ungespritzten Zitrone
etwas Salz

1. Zuerst die Zitronenscheibe etwas einschneiden und damit den Rand einer Cocktailschale befeuchten.
2. Danach das Glas mit dem feuchten Rand in einer mit Salz gefüllten Untertasse drehen und überschüssiges Salz abklopfen.
3. Alle Zutaten in einem Shaker mit Eis schütteln und in die vorbereitete Cocktailschale abseihen.
(Foto Seite 48: rechts)

Tequila Sour

5 cl Tequila
3 cl Zitronensaft
2 cl Zuckersirup
1 Kirsche

1. Sämtliche Zutaten in einem Shaker mit Eiswürfeln gut schütteln und in ein Sour-Glas abseihen.
2. Den Glasrand mit einer Kirsche garnieren.
(Foto Seite 48: Mitte)

Tequila Gimlet

3 cl Tequila
2 cl Zitronensaft
2 cl Limettensaft
1 Spritzer Limettensirup

1. Alle Zutaten in einem Shaker mit reichlich Eis kräftig schütteln.
2. Den Tequila Gimlet in eine gut vorgekühlte Cocktailschale abseihen und sofort servieren.
(Foto Seite 48: links)

BARGEFLÜSTER

Tequila gilt als das Nationalgetränk der Mexikaner, und auch bei uns erfreut er sich wachsender Beliebtheit. Nicht zuletzt wegen der bekannten Einnahmeprozedur mit Salz und Zitrone. Wahre Kenner trinken den Tequila auch „beidhändig": In der einen Hand ein Glas Tequila, in der anderen ein Glas Sangrita, das mexikanische, alkoholfreie Getränk aus Tomaten, Pfefferschoten, Zitrone und Gewürzen. Dann wird abwechselnd mal an dem einen, mal an dem anderen Glas genippt.

Ferrari Cocktail

4 cl Vermouth Dry
2 cl Amaretto

1. Alle Zutaten in einem Mixglas mit Eis verrühren.
2. Das fertige Getränk in eine Cocktailschale abseihen und servieren.
(Foto Seite 50/51)

California

⅔ Peach Brandy
⅓ Vermouth Dry
3 Spritzer Angostura
3 Spritzer Grenadine

1. Alle Zutaten in einem Shaker mit Eis kurz, aber kräftig schütteln.
2. Den California in ein Cocktailglas abseihen und sofort servieren.

Stinger

3 cl Brandy
2 cl Crème de Menthe weiß

1. Einen großen Eiswürfel in einen Tumbler geben.
2. Die beiden Zutaten über das Eis laufen lassen und verrühren.
(Foto Seite 42: dritter von rechts)

Dreams of Neapel

3 cl Bourbon Whiskey
1 cl Campari
1 cl Curaçao Triple sec
1 Spritzer Angostura
1 Kirsche

1. Alle Zutaten in einem Mixglas mit Eis verrühren und in ein Cocktailglas abseihen.
2. Das Glas mit einer Kirsche garnieren.

Barett

4 cl Bourbon Whiskey
1 cl Galliano
1 cl Amaretto

1. Etwas Eis in einen Tumbler geben.
2. Die Zutaten über das Eis gießen und alles verrühren.

Golden Nail

3 cl Bourbon Whiskey
2 cl Southern Comfort

1. In einen Tumbler etwas Eis geben.
2. Die Zutaten über das Eis gießen und verrühren.

God Father

3 cl Bourbon Whiskey
2 cl Amaretto
2 Mandeln

1. Die Zutaten in einen Tumbler mit Eis geben und verrühren.
2. Zwei Mandeln als Dekoration auf das Eis legen und servieren.
(Foto Seite 42: zweiter von rechts)

Apotheke

3 cl Fernet Branca
1 cl Brandy
1 cl Crème de Menthe weiß

1. Alle Zutaten in einem Mixglas mit Eis verrühren.
2. Das fertige Getränk in ein Cocktailglas abseihen.
(Foto Seite 42: vierter von rechts)

BARGEFLÜSTER

Die Wiege des Amaretto stand in Saronno. Im Jahre 1525 malte Bernardino Luini die noch heute berühmten Fresken in der Kirche von Saronno. Eine wunderschöne Frau soll ihm Modell gestanden und ihm zum Abschied gar das Rezept des Likörs geschenkt haben. Warum sie das tat, wo doch Modellstehen bekanntlich eine anstrengende und sehr langweilige Angelegenheit ist, ist nicht bekannt. Der Amaretto entsteht aus Mandeln, Bittermandeln, der Zugabe von Vanille und anderen Gewürzen. Die Blausäure, die in Bittermandeln enthalten ist, wird bei der Destillation ausgeschieden. Wäre dies nicht der Fall, der Amaretto wäre heute bestimmt nicht so beliebt. Sollten Sie jedoch mit dem Gedanken spielen, selbst Amaretto herzustellen, mit dem Chemiebaukasten Ihrer Kinder gar ein abenteuerliches Destillat zu brauen, verwerfen Sie ihn lieber. Wie wäre es statt dessen mit Eierlikör?

52 DRINKS UND COCKTAILS NACH DEM ESSEN

Goldfinger

2 cl Wodka
4 cl Rosso Antico
1 cl Orangensaft

1. Sämtliche Zutaten in einem Shaker mit Eis gut schütteln.
2. Den Goldfinger in eine Cocktailschale abseihen und sofort servieren.
(Foto Seite 52)

Red Gin

4 cl Gin
1 cl Cherry Brandy
1 Scheibe einer ungespritzten Orange

1. Gin und Cherry Brandy in einem Shaker mit Eis schütteln und danach in eine Cocktailschale abseihen.
2. Den Glasrand mit einer Orangenscheibe garnieren.

Chinese

2 cl Bacardi
2 cl Maraschino
1 Barlöffel Curaçao Orange
1 Barlöffel Grenadine
1 Maraschino-Kirsche

1. Alle Zutaten in einem Shaker mit Eis schütteln und in ein Cocktailglas abseihen.
2. Den Cocktail mit einer Maraschino-Kirsche garnieren.

Time Bomb

2 cl Aquavit
2 cl Wodka
2 cl Zitronensaft
etwas ungespritzte Zitronenschale

1. Die Zutaten in einem Shaker mit Eis schütteln und in ein Cocktailglas abseihen.
2. Den Glasrand mit einem Stück Zitronenschale garnieren.

Opera

3 cl Gin
3 cl Dubonnet
1 Spritzer Maraschino

1. Gin, Dubonnet und Maraschino in einem Mixglas mit Eis gut verrühren.
2. Das Getränk dann in eine Cocktailschale abseihen und servieren.

Diplomat

⅔ Vermouth Dry
⅓ Vermouth Rosso
1 Barlöffel Maraschino
1 Maraschino-Kirsche

1. Sämtliche Zutaten in einem mit Eis gefüllten Shaker kräftig schütteln und in ein Cocktailglas abseihen.
2. Das Glas mit einer Maraschino-Kirsche garnieren.

Daiquiri

¾ Bacardi
¼ Zitronensaft
1 Barlöffel Zuckersirup
½ Scheibe einer ungespritzten Zitrone

1. Die Zutaten in einem Shaker mit viel Eis kräftig schütteln und in ein Cocktailglas abseihen.
2. Das Glas mit einer halben Zitronenscheibe garnieren.

Claridge

2 cl Gin
2 cl Vermouth Dry
1 cl Apricot Brandy
1 cl Curaçao Triple sec

1. Alle Zutaten in einem Mixglas mit viel Eis verrühren.
2. Den Claridge dann sofort in eine vorgekühlte Cocktailschale abseihen und servieren.

Southern Island

2 cl weißer Rum
2 cl Kahlúa
2 cl Sahne
3 Kaffeebohnen

1. Die Zutaten in einem Shaker mit Eis kräftig schütteln und danach in eine Cocktailschale abseihen.
2. Den Cocktail mit drei Kaffeebohnen garnieren.
(Foto Seite 55: hinten rechts)

St. Vincent

2 cl Gin
2 cl Galliano
2 cl Sahne
3 Tropfen Grenadine

1. Alle Zutaten in einem Shaker mit Eis gut schütteln.
2. Den St. Vincent in eine Cocktailschale abseihen und servieren.
(Foto Seite 55: Mitte, zweiter von rechts)

Porto Rico

4 cl Portwein
2 cl Scotch Whisky
1 cl Zitronensaft
1 Scheibe einer ungespritzten Orange

1. Sämtliche Zutaten in einem Shaker mit Eis schütteln und danach in eine Cocktailschale abseihen.
2. Eine Orangenscheibe als Dekoration auf den Glasrand stecken.
(Foto Seite 55: Mitte, zweiter von links)

Concorde II

3 cl Gin
1 cl Apricot Brandy
1 cl Campari
1 cl Grenadine
1 Cocktailkirsche

1. Alle Zutaten in einem Shaker mit Eiswürfeln kräftig schütteln und sofort in eine Cocktailschale abseihen.
2. Die Schale zum Schluß mit einer Cocktailkirsche garnieren.
(Foto Seite 55: vorne Mitte)

Heaven so sweet

4 cl Wodka
1 cl Amaretto
1 cl Galliano

1. Die drei Zutaten in einem Shaker mit Eis gut schütteln.
2. Alles in ein Cocktailglas abseihen und servieren.
(Foto Seite 55: hinten Mitte)

Babyface

2 cl Wodka
2 cl Crème de Cassis
2 cl Sahne

1. Die Zutaten in einem Shaker mit viel Eis schütteln.
2. Den Cocktail in ein Südweinglas abseihen.
(Foto Seite 55: Mitte links)

Alexander's Sister Cocktail

2 cl Gin
2 cl Crème de Menthe weiß
2 cl Sahne

1. Den Gin, die Crème de Menthe und die Sahne in einem Shaker mit Eis schütteln.
2. Den Cocktail in ein Südweinglas abseihen und sofort servieren.
(Foto Seite 55: Mitte rechts)

Bijou

3 cl Gin
2 cl Vermouth Dry
1 cl Chartreuse grün

1. Die drei Zutaten in einem Mixglas mit Eis verrühren.
2. Das Getränk in eine vorgekühlte Cocktailschale abseihen und sofort servieren.

DRINKS UND COCKTAILS NACH DEM ESSEN

Afterwards

3 cl Curaçao blue
3 cl Apricot Brandy
1 cl Zitronensaft
1 Scheibe einer ungespritzten Zitrone

1. Sämtliche Zutaten mit Eis in einem Shaker kräftig schütteln und anschließend in eine Cocktailschale abseihen.
2. Den Glasrand mit einer Zitronenscheibe garnieren.
(Foto: hinten links)

Strawberry Cream

2 cl Himbeergeist
2 cl Erdbeerlikör
2 cl Sahne
1 Kiwischeibe
1 Erdbeere

1. Die drei Zutaten in einem Shaker mit Eis kräftig schütteln und danach sofort in eine Cocktailschale abseihen.
2. Eine geschälte Kiwischeibe zur Hälfte einschneiden und auf den Glasrand schieben. Wenn vorhanden, kann eine frische, nicht abgezupfte Erdbeere neben die Kiwischeibe gesteckt werden.

Dirty White Mother

2 cl Cognac
2 cl Kahlúa
2 cl Sahne

1. Alle Zutaten in einem Shaker mit viel Eis kräftig schütteln.
2. Das fertige Getränk in eine Cocktailschale abseihen und servieren.
(Foto: vorne links)

Wenn die Korken knallen…– Champagnercocktails

Spritzige Erfrischungen sind zu jeder Tageszeit beliebt; egal ob als Aperitif, als „After-Dinner"-Drink oder einfach zwischendurch getrunken. Champagnercocktails müssen übrigens nicht unbedingt mit echtem Champagner zubereitet werden – ein guter Sekt erfüllt auch seinen Zweck. Sekt läßt sich mit vielen Spirituosen, vor allem mit Likören, sehr gut mixen. So fällt es Ihnen sicherlich leicht, eigene Cocktails zu kreieren. Wichtig dabei ist nur, daß diese nach dem Auffüllen mit Champagner oder Sekt nicht mehr gerührt werden, da sonst die belebende Kohlensäure schnell verfliegen würde.

CHAMPAGNERCOCKTAILS

Sekt-Cobbler

2 cl Maraschino
2 cl Curaçao
2 Barlöffel Zitronensaft
½ Pfirsich
Sekt
einige Weintrauben oder
Bananenscheiben

1. Zuerst eine Sektschale halbvoll mit fein gestoßenem Eis füllen und glatt drücken.
2. Auf das Eis einen halben Pfirsich legen und um ihn herum Maraschino-Kirschen und Weintrauben oder Bananenscheiben anordnen.
3. Maraschino, Curaçao und Zitronensaft über die Früchte geben und mit Sekt auffüllen.
4. Den Sekt-Cobbler mit einem Teelöffel und Trinkhalm servieren.

Valencia Smile

3 cl Apricot Brandy
2 cl Orangensaft
3 Spritzer Orangenbitter
Champagner
1 Scheibe einer ungespritzten
Orange

1. Die ersten drei Zutaten in einem Shaker mit Eis gut schütteln und in ein Champagnerglas abseihen.
2. Das Glas mit Champagner füllen und mit einer Orangenscheibe garnieren.

Ohio

2 cl Canadian Club
2 cl Vermouth Rosso
1 Barlöffel Curaçao
Triple sec
2 Spritzer Angostura
Champagner
1 Kirsche

Alle Zutaten, außer dem Champagner, in einem Mixglas mit Eis verrühren und dann in eine Champagnerschale abseihen.
2. Das Ganze mit Champagner auffüllen und mit einer Kirsche dekorieren.

The Queen

2 cl Canadian Club
2 cl Orangensaft
1 cl Maraschino
1 cl Gin
Champagner

1. Sämtliche Zutaten, außer dem Champagner, in einem Shaker mit viel Eis schütteln.
2. Den Cocktail in eine Champagnerschale abseihen und mit Champagner auffüllen.

Champagner-Cocktail

2 Spritzer Angostura
1 Stück Würfelzucker
Champagner

1. Ein Stück Würfelzucker in einen Champagnerkelch geben und mit Angostura tränken.
2. Den Kelch danach mit Champagner auffüllen und sofort servieren.

Rosemie

4 cl Campari
8 cl Grapefruitsaft
Champagner
1 Scheibe einer ungespritzten
Orange

1. Einen großen Eiswürfel in ein Longdrinkglas geben.
2. Campari und Grapefruitsaft über den Eiswürfel gießen und danach mit Champagner auffüllen.
3. Eine Orangenscheibe als Dekoration auf den Glasrand stecken.

BARGEFLÜSTER

Von Mailand zog der Campari aus, die Welt zu erobern. Schon vor über 100 Jahren entwickelte Signor Gaspare Campari in seinem Café diesen weltberühmten Trank.

D. B. U.

2 cl Weinbrand
2 cl Apricot Brandy
2 cl Orangensaft
Champagner

1. Weinbrand, Apricot Brandy und Orangensaft in einem Shaker mit Eis gut schütteln.
2. Den Cocktail, der von der Deutschen Barkeeper-Union seinen Namen bekam, in eine Champagnerschale abseihen und mit eiskaltem Champagner auffüllen.

Northern Light

2 cl Bacardi
2 cl Curaçao Triple sec
Champagner
etwas ungespritzte
Orangenschale

1. Bacardi und Triple sec in eine Champagnerschale geben und mit sehr kaltem Champagner auffüllen.
2. Zum Schluß den Cocktail mit etwas Orangenschale abspritzen und sofort servieren.

Limettensekt

3 cl Limettenlikör
3 cl Bitter Lemon
Sekt
1 Scheibe einer ungespritzten Limette

1. Likör und Bitter Lemon in eine Sektschale geben und mit dem Sekt auffüllen.
2. Den fertigen Cocktail mit der Limettenscheibe garnieren.
(Foto Seite 61: ganz links)

Southern Trip

4 cl Southern Comfort
2 cl Orangensaft
Champagner

1. Southern Comfort und Orangensaft in eine vorgekühlte Champagnerschale geben.
2. Den Cocktail mit Champagner auffüllen.
(Foto Seite 61: zweiter von links)

Suzie Wong

2 cl Wodka
2 cl Mandarinenlikör
2 cl Zitronensaft
Champagner

1. Die Zutaten, außer dem Champagner, in einem Mixglas mit Eis verrühren.
2. Den Cocktail in ein Champagnerglas abseihen und mit dem Champagner auffüllen.
(Foto Seite 61: fünfter von links)

French 75

3 cl Gin
1 cl Zitronensaft
1 Teelöffel Zuckersirup
Champagner

1. Gin, Zitronensaft und Zuckersirup in einem Shaker mit Eis gut schütteln und in ein Champagnerglas abseihen.
2. Das Glas mit Champagner auffüllen und sofort servieren.
(Foto Seite 61: vierter von rechts)

Chicago

2 cl Cognac
1 Barlöffel Cointreau
1 Spritzer Angostura
Champagner

1. Alle Zutaten, außer dem Champagner, in einem Mixglas mit Eiswürfeln verrühren.
2. Alles sofort in ein Champagnerglas abseihen und mit dem Champagner auffüllen.
(Foto Seite 61: zweiter von rechts)

French 76

3 cl Wodka
1 cl Zitronensaft
1 Teelöffel Zuckersirup
(oder Grenadine)
Champagner

1. Die ersten drei Zutaten in einem Shaker mit Eis kräftig schütteln und in ein Champagnerglas abseihen.
2. Den Cocktail mit Champagner auffüllen.
(Foto Seite 61: dritter von rechts)

Bellini

5 cl Pfirsichsaft
1 Spritzer Apricot Brandy
Champagner

1. Die ersten beiden Zutaten in ein Champagnerglas geben und sehr sorgfältig verrühren.
2. Das Glas mit Champagner auffüllen und servieren.
(Foto Seite 61: ganz rechts)

Vulcano

2 cl Himbeergeist
2 cl blue Curaçao
Champagner
etwas ungespritzte Orangenschale

1. Die Zutaten, ohne den Champagner, in ein Champagnerglas geben, verrühren und mit Champagner auffüllen.
2. Etwas Orangenschale über den Rand knicken und servieren.
(Foto Seite 61: sechster von links)

CHAMPAGNERCOCKTAILS 61

Flying

2 cl Gin
2 cl Curaçao Triple sec
2 cl Zitronensaft
Champagner

1. Die ersten drei Zutaten in einem Shaker mit viel Eis kräftig schütteln.
2. Den Flying in eine Sektflöte abseihen und mit Champagner auffüllen.
(Foto Seite 61: vierter von links)

Southern Special

4 cl weißer Rum
2 cl Ananaslikör
1 cl Zitronensaft
trockener Sekt/Champagner
1 Cocktailkirsche
1 Ananasscheibe
1 Scheibe einer ungespritzten Zitrone

1. Die ersten drei Zutaten in einem Shaker mit Eis schütteln und in ein Longdrinkglas abseihen.
2. Den Southern Special mit dem Sekt auffüllen und die Ananas- und Zitronenscheibe in das Glas geben.
3. Die Kirsche auf ein Cocktailspießchen stecken und in das Glas stellen.
(Foto Seite 61: fünfter von rechts)

Ritz

2 cl Cognac
2 cl Cointreau
2 cl Orangensaft
Champagner

1. Cognac, Cointreau und Orangensaft in einem Shaker mit Eis kräftig schütteln.
2. Den Cocktail in ein Champagnerglas abseihen, mit Champagner auffüllen.
(Foto Seite 61: dritter von links)

Champagner Orange

2 cl Curaçao orange
Champagner
etwas ungespritzte
Orangenschale

1. Den Curaçao in eine Champagnerflöte gießen und mit Champagner auffüllen.
2. Eine etwas 10 cm lange Orangenschale als Dekoration in das Glas geben und am Rand einhängen.
(Foto: zweiter von rechts)

Gaston Longdrink

4 cl Cognac
1 cl Galliano
1 cl Amaretto
Champagner
Früchte der Saison

1. Ein Longdrinkglas mit ein paar Eiswürfeln füllen.
2. Die ersten drei Zutaten über das Eis geben und mit Champagner auffüllen.
3. Einige Früchte in das Glas geben und auch den Rand damit dekorieren.
(Foto: zweiter von links)

Prince of Wales

2 cl Cognac
1 cl Orangensaft
3 Spritzer Curaçao orange
1 Spritzer Orangenbitter
Champagner

1. Alle Zutaten, außer dem Champagner, in einem Mixglas mit viel Eis verrühren.
2. Diese Mixtur in einen Silberbecher abseihen und mit eiskaltem Champagner auffüllen.

Sexy 6

2 cl Gin
2 cl Orangensaft
1 cl Apricot Brandy
1 cl Himbeergeist
Champagner
1 Kirsche

1. Die Zutaten der Reihe nach in eine Champagnerschale geben und dann mit dem Champagner auffüllen.
2. Zum Schluß den fertigen Cocktail mit einer Kirsche garnieren.

Milano

2 cl Campari
2 cl Grapefruitsaft
1 cl Curaçao Triple sec
Champagner

1. Campari, Grapefruitsaft und Triple sec in einem Shaker mit Eis schütteln.
2. Alles in eine Champagnerschale abseihen und mit kaltem Champagner auffüllen.

Hanseatic

2 cl Bourbon Whiskey
2 cl Weinbrand
2 cl Blackberry Brandy
Champagner
1 Scheibe einer ungespritzten Orange
1 Scheibe einer ungespritzten Zitrone

1. Alle Zutaten nacheinander in eine Champagnerschale geben und dann mit Champagner auffüllen.
2. Das Glas zum Schluß mit der Orangen- und Zitronenscheibe garnieren.

Moulin-Rouge

2 cl Weinbrand
2 cl Ananassaft
1 Teelöffel Puderzucker
Champagner
1 Scheibe einer ungespritzten Orange
1 Cocktailkirsche

1. Weinbrand, Ananassaft und Puderzucker in einem Shaker mit Eis schütteln und in eine Champagnerschale abseihen.
2. Mit Champagner auffüllen und das Glas mit einer Orangenscheibe und Cocktailkirsche garnieren.

Kirschenmund

2 cl Kirschwasser
2 cl Kirschlikör
4 cl Orangensaft
Champagner
2 Maraschino-Kirschen

1. Kirschwasser, -likör und Orangensaft in einem Mixglas mit Eiswürfeln gut verrühren und in ein Longdrinkglas abseihen.
2. Den Cocktail mit Champagner auffüllen.
3. Zwei Maraschino-Kirschen auf Zahnstocher spießen und über das Glas legen.

Champagner Daisy

1 cl Grenadine
1 cl Zitronensaft
2 cl Chartreuse gelb
Champagner
1 Erdbeere, Himbeere oder Kirsche

1. Die Zutaten, ohne den Champagner, in einem Shaker mit Eis gut schütteln und in eine Cocktailschale abseihen.
2. Den Champagner hinzufügen und den Glasrand mit einer Frucht nach Wahl garnieren.
(Foto Seite 62: ganz links)

James Bond

4 cl Wodka
1 Spritzer Angostura
Champagner

1. Wodka und Angostura in eine Champagnerschale gießen.
2. Den Cocktail mit Champagner vervollständigen.
(Foto Seite 62: ganz rechts)

Whip

2 cl Weizenkorn
8 cl Grapefruitsaft
Champagner

1. Den Korn und den Saft in einem Shaker mit Eis schütteln.
2. Das Gemisch in ein Longdrinkglas abseihen und mit trockenem Champagner oder Sekt auffüllen.
(Foto Seite 65: ganz rechts)

Margret Rose

2 cl Campari
Champagner

1. Den Campari in eine Champagnerschale geben.
2. Den Cocktail mit dem Champagner auffüllen.
(Foto Seite 65: zweiter von rechts)

Fruchtsekt

1 cl Cognac
2 cl Apricot Brandy
5 cl Orangensaft
Sekt
1 Cocktailkirsche

1. Cognac, Apricot Brandy und Orangensaft im Shaker mit Eis schütteln.
2. Das Ganze in eine Sektschale gießen und mit Sekt auffüllen.
3. Die Kirsche auf den Glasrand stecken.
(Foto Seite 65: dritter von rechts)

---BARGEFLÜSTER---

Der klassische Kir besteht aus Crème de Cassis und Weißwein. Er ist benannt nach Felix Kir, Bürgermeister der Stadt Dijon in Frankreich. Er wurde 92 Jahre alt und liebte das Essen und das Trinken. Seitdem wurde der Original-Kir immer wieder geändert. Eine sehr gute Version ist der Kir Royal (= königlich), der mit Champagner zubereitet wird. Man sieht: Mit einer erlesenen Zutat kann man sogar aus einfachen Bürgermeistern Könige machen.

Kir Imperial II

2 cl Crème de Cassis
2 cl Wodka
Champagner

1. Crème de Cassis und Wodka in einen Champagnerkelch geben und umrühren.
2. Den Kir Imperial II mit Champagner auffüllen und servieren.
(Foto Seite 65: fünfter von rechts)

Die 4 C

2 cl Cognac
1 cl Cointreau
1 cl Campari
Champagner
etwa 6 Barlöffel Früchte nach Geschmack

1. Die ersten drei Zutaten in ein Longdrinkglas füllen und verrühren.
2. Einige besonders schöne Früchte zurückhalten, die anderen in das Glas geben und mit Champagner auffüllen.
3. Mit den verbliebenen Früchten das Glas dekorieren.

Kir Royal

1,5 cl Crème de Cassis
Champagner

1. Crème de Cassis in eine Champagnerflöte geben und mit Champagner auffüllen.
(Foto Seite 65: vierter von links)

Kiwisekt

4 cl Kiwilikör
1 cl Zitronensaft
Sekt
Kiwischeiben

1. Kiwilikör und Zitronensaft in ein Longdrinkglas geben, mit Sekt auffüllen und kurz umrühren.
2. Anschließend eine oder mehrere Kiwischeiben auf den Glasrand stecken.
(Foto Seite 65: zweiter von links)

CHAMPAGNERCOCKTAILS

Kalte Ente

5 cl Weißwein
Champagner
1 Stück ungespritzte
Zitronenschale

1. Weißwein und Champagner der Reihe nach in eine Champagnerschale geben.
2. Ein Stück Zitronenschale über den Glasrand knicken und servieren.

Feel like Holiday

1 cl Wodka
1 cl Himbeergeist
Champagner

1. Wodka und Himbeergeist in einem Champagnerkelch verrühren.
2. Den Cocktail mit Champagner auffüllen und servieren.
(Foto: dritter von links)

Aprikosensekt

2 cl Apricot Brandy
3 cl weißer Rum
Sekt

1. Den Apricot Brandy und den Rum in einem Mixglas mit Eis verrühren.
2. Anschließend in eine Sektschale abseihen und mit dem Sekt auffüllen.
(Foto: vierter von rechts)

Ohio II

2 cl Canadian Whiskey
1 cl Vermouth Rosso
1 Spritzer Angostura
Champagner

1. Den Whiskey, Vermouth und Angostura im Mixglas mit Eis verrühren.
2. In eine Cocktailschale abseihen und auffüllen.
(Foto: Mitte vorn)

Longdrinks – für lange Abende

Longdrinks sind seit den fünfziger Jahren bei uns bekannt und beliebt, heute mehr denn je. Im Gegensatz zu anderen Drinks und Cocktails sollen sie weder den Appetit anregen, noch beim Verdauen helfen – sie sind einfach nur zum Genießen da. Außerdem sind sie hervorragende Durstlöscher, vor allem wenn sie mit alkoholfreien Auffüllern gemixt werden.
Ein weiterer Punkt für ihre Beliebtheit ist der geringe Alkoholgehalt.
In diesem Kapitel gibt es viele tolle Rezepte, die natürlich auch eine Anregung zu eigenen Kreationen sein sollen. Lassen Sie Ihrer Phantasie freien Lauf!
Wenn Sie die drei Grundbausteine eines jeden Longdrinks (Spirituosen – Aromaträger – Auffüller) beachten, kann nichts mehr schiefgehen.

Apple Fizz

⅓ Calvados
⅓ Zitronensaft
⅓ Ahornsirup
Soda
1 Kirsche
1 Scheibe einer ungespritzten Zitrone

1. Calvados, Zitronensaft und Ahornsirup in einem Shaker mit Eis schütteln und in einen Tumbler abseihen.
2. Den Fizz mit Soda auffüllen und mit je einer Kirsche und Zitronenscheibe garnieren.

Gin Fizz

⅔ Gin
⅓ Zitronensaft
1 Barlöffel Zuckersirup
Soda
1 Kirsche
1 Scheibe einer ungespritzten Zitrone

1. Die ersten drei Zutaten in einem Shaker mit zerhacktem Eis kräftig schütteln und in einen Tumbler abseihen.
2. Den Longdrink mit Soda auffüllen und mit einer Kirsche und einer Zitronenscheibe garnieren.

Rum Fizz

3 cl Rum
2 cl Zitronensaft
1 cl Zuckersirup
Soda
1 Scheibe einer ungespritzten Zitrone

1. Rum, Saft und Sirup in einem Shaker mit Eis schütteln und sofort in einen Tumbler abseihen.
2. Das Getränk mit Soda auffüllen und mit einer Zitronenscheibe garnieren.

Applejack Sour

4 cl Calvados
1 cl Zitronensaft
2 Barlöffel Zuckersirup
Soda
1 Apfelscheibe

1. Die ersten drei Zutaten in einem Shaker mit Eis schütteln und in einen kleinen Tumbler abseihen.
2. Das Getränk mit etwas Soda abspritzen und mit der Apfelscheibe garnieren.

Planter's Punch I

3 cl weißer Rum
3 cl brauner Rum
2 cl Zitronensaft
2 cl Orangensaft
1 cl Zuckersirup
1 Barlöffel Grenadine
1 Scheibe einer ungespritzten Orange
1 Scheibe einer ungespritzten Zitrone
1 Maraschino-Kirsche
1 Minzzweig

1. Ein Longdrinkglas mit vier großen Eiswürfeln füllen und alle Flüssigkeiten dazugeben.
2. Die Früchte auf einen Cocktailspieß stecken und den Drink damit und mit dem Minzzweig garnieren.
3. Das Glas mit einem Trinkhalm servieren.
(Foto Seite 69: links)

— **BARGEFLÜSTER** —

Den Planter's Punch findet man hier gleich in drei Versionen. Dies ist nicht etwa auf den Umstand zurückzuführen, daß den Mixern die nötige Phantasie bei der Namensgebung fehlte. Vielmehr ähneln sich die Drinks geschmacklich so sehr, daß alles andere „Gaumenwischerei" wäre.

Planter's Punch II

6 cl brauner Rum
4 cl Orangensaft
4 cl Ananassaft
3 cl Zitronensaft
2 cl Grenadine
1 cl Zuckersirup
1 Cocktailkirsche
½ Scheibe einer ungespritzten Orange
¼ Ananasscheibe
½ Kiwischeibe
1 Bananenscheibe
1 Minzzweig

1. Ein großes Ballonglas mit Eiswürfeln füllen, alle Flüssigkeiten darübergießen und gut umrühren.
2. Alle Obststückchen auf einen langen Cocktailspieß stecken und in das Glas stellen.
3. Den Longdrink mit dem Minzzweig dekorieren und mit einem Trinkhalm sofort servieren, da die Bananenscheibe sonst braun wird.
(Foto Seite 69: rechts)

Planter's Punch III

6 cl brauner Rum
4 cl Limettensaft
1 cl Zuckersirup
¼ Ananasscheibe
1 Cocktailkirsche
1 Minzzweig

1. Einen großen Tumbler zur Hälfte mit zerstoßenem Eis füllen und Rum, Saft und Sirup dazugeben.
2. Alles gut umrühren und mit den Früchten und dem Minzzweig garnieren.
3. Den Longdrink mit einem Trinkhalm servieren.
(Foto: Mitte)

Kentucky Lemon

2 cl Zitronensaft
4 cl Bourbon Wiskey
Bitter Lemon
1 Scheibe einer
ungespritzen Orange

1. Den Zitronensaft und den Whiskey in ein Longdrinkglas geben.
2. Den Drink mit Bitter Lemon nach Belieben auffüllen und eine Orangenscheibe auf den Glasrand stecken.

Lumumba

4 cl brauner Rum
100 ml Kakao
1 Teelöffel Schokoladen-
raspel

1. Drei große Eiswürfel in ein Longdrinkglas geben, Rum und Kakao darüber- gießen und verrühren.
2. Schokoladenraspel über den Longdrink streuen und ihn mit einem Trinkhalm servieren.

Harvey Wallbanger

4 cl Wodka
2 cl Galliano
100 ml Orangensaft
1 Barlöffel
Zuckersirup

1. Alle Zutaten in einem Shaker gut schütteln.
2. Den Drink in ein Super- longdrinkglas mit Eiswürfeln seihen und servieren.
(Foto: links)

Acapulco Dream

3 cl Tequila
1 cl brauner Rum
10 cl Ananassaft
4 cl Grapefruitsaft
1 Ananasscheibe

1. Alle Zutaten in einem Shaker mit viel Eis kräftig schütteln und in ein Long- drinkglas abseihen.
2. Eiswürfel in den Drink geben und mit einer geschälten Ananasscheibe garniert serviert.

Piña Colada

1 cl weißer Rum
9 cl Ananassaft
3 cl Coconut Cream
2 Ananasstücke

1. Alle Zutaten in einem Shaker mit Eis schütteln und in ein mit drei großen Eiswürfeln gefülltes Long- drinkglas abseihen.
2. Den Glasrand mit den Ananasstücken garnieren.
3. Die Piña Colada mit einem Trinkhalm servieren.

Air Mail

2 cl Rose's Lime-Juice
2 Teelöffel Honig
4 cl Bacardi gold
Champagner
1 Scheibe einer ungespritzten Limette
1 Cocktailkirsche

1. Vier große Eiswürfel mit dem Lime-Juice, Honig und Bacardi in einem Shaker kurz, aber kräftig schütteln und dann den Longdrink mit dem Eis in einen großen Champagnerkelch geben.
2. Alles mit Champagner auffüllen und mit den Früch- ten dekorieren.

Wodka Sour

3 cl Wodka
3 cl Zitronensaft
2 cl Zuckersirup
Soda
1 Scheibe einer ungespritzten Zitrone
1 Kirsche

1. Wodka, Zitronensaft und Zuckersirup in einem Shaker mit Eis schütteln und in einen kleinen Tumbler abseihen.
2. Den Wodka Sour mit etwas Soda abspritzen und mit der Zitronenscheibe und der Kirsche garnieren.

Brandy Sour

3 cl Weinbrand
3 cl Zitronensaft
2 cl Zuckersirup
1 Barlöffel Limettensaft
Soda
1 Scheibe einer ungespritzten Zitrone
1 Kirsche

1. Weinbrand, Säfte und Sirup in einem Shaker mit viel Eis kräftig schütteln, in einen Tumbler abseihen und mit Soda abspritzen.
2. Eine Zitronenscheibe und eine Kirsche in das Glas geben und sofort servieren.

Tigerpfötchen

4 cl weißer Rum
5 cl Orangensaft
3 cl Zitronensaft
3 cl Ananassaft
1 Barlöffel Grenadine
1 Scheibe einer ungespritzten Orange
1 Cocktailkirsche

1. Rum, Grenadine und die Fruchtsäfte in einem Shaker mit Eis schütteln und in ein Longdrinkglas abseihen.
2. Zwei große Eiswürfel dazugeben und das Glas mit den Früchten sorgfältig dekorieren.

Negroni „Long"

2 cl Gin
2 cl Campari
2 cl Vermouth Rosso
Soda
1 Scheibe einer ungespritzten Orange

1. Drei große Eiswürfel in ein Longdrinkglas geben und den Gin, den Campari und den Vermouth darübergießen und sorgfältig umrühren.
2. Den Drink mit Soda auffüllen und mit der Orangenscheibe garnieren.
(Foto Seite 70: rechts)

Brandy Buck

2 cl Brandy
2 cl Crème de Menthe grün
1 cl Zitronensaft
Ginger-ale
1 Scheibe einer ungespritzten Zitrone

1. Die Zutaten in einem Shaker mit Eis schütteln und in einen Tumbler mit drei Eiswürfeln abseihen.
2. Den Brandy Buck mit Ginger-ale auffüllen und mit der Zitronenscheibe dekorieren.

Zoombie

3 cl brauner Rum
2 Barlöffel weißer Rum
2 cl Kirschlikör
2 cl Orangensaft
2 cl Zuckersirup
1 Scheibe einer ungespritzten Orange
1 Cocktailkirsche

1. Alle Flüssigkeiten, außer dem Zuckersirup, in einem Shaker mit Eis kräftig schütteln und in ein Longdrinkglas mit Eiswürfeln abseihen.
2. Den Zuckersirup über den Longdrink laufen lassen, das Glas mit dem Obst garnieren und servieren.

Greek Buck

4 cl Metaxa
1 Barlöffel Ouzo
Ginger-ale
1 Zitrone

1. Die gewaschene Zitrone spiralförmig abschälen.
2. Den Saft der halben Zitrone mit dem Metaxa und dem Eis im Shaker kräftig schütteln und in einen mit zwei Eiswürfeln gefüllten Tumbler abseihen.
3. Den Drink mit Ginger-ale auffüllen und den Ouzo langsam darübergießen.
4. Die Zitronenspirale dekorativ an das Glas hängen.

Mint Fizz

4 cl Gin
1 cl Crème de Menthe grün
3 cl Zitronensaft
2 cl Zuckersirup
Soda
1 Minzzweig

1. Sämtliche Zutaten, außer dem Soda, in einem Shaker mit Eis lange und kräftig schütteln und dann in ein Longdrinkglas abseihen.
2. Eiswürfel nach Belieben in das Glas geben, es dann mit dem Minzzweig garnieren und mit einem Trinkhalm servieren.
(Foto Seite 70: Mitte)

Cocoskiss

3 cl Malibu
3 cl brauner Rum
4 cl Orangensaft
3 cl Maracujasirup
1 Minzzweig

1. Alle Zutaten mit sechs Eiswürfeln in einem Shaker kurz schütteln und in ein Longdrinkglas gießen.
2. Das Glas mit dem Minzzweig dekorieren und mit einem Trinkhalm servieren.
(Foto: Mitte links)

Bahia I

6 cl weißer Rum
8 cl Ananassaft
2 Barlöffel Coconut Cream
1 Scheibe einer ungespritzten Orange
¼ Ananasscheibe
1 Minzzweig

1. Vier Eiswürfel mit den Flüssigkeiten in einem Blender kurz mixen.
2. Den Longdrink dann in ein Ballonglas gießen und dieses mit der Orangenscheibe, dem Ananasstückchen und dem Minzzweig garnieren.

Fog Cutter

3 cl Orangensaft
2 cl Zuckersirup
1 cl Gin
3 cl brauner Rum
2 cl Brandy
2 cl Sherry
1 Minzzweig

1. Sechs kleine Eiswürfel mit den Zutaten, außer dem Sherry, in einem Shaker kurz, aber kräftig schütteln.
2. Den Longdrink in ein hohes Glas gießen und den Sherry langsam auf die Oberfläche gießen.
3. Zum Schluß den Drink mit einem Minzzweig dekorieren.

Jamaica Green

4 cl weißer Rum
2 cl Crème de Menthe grün
3 cl Zitronensaft
2 cl Zuckersirup
1 Scheibe einer ungespritzten Zitrone

1. Alle Zutaten mit Eiswürfeln in einem Shaker kurz, aber kräftig schütteln und dann mit dem Eis in ein Longdrinkglas geben.
2. Das Glas mit einer Zitronenscheibe garnieren.
(Foto: ganz links)

Tip Top

4 cl brauner Rum
4 cl Bananensaft
4 cl Maracujasaft
2 cl Zitronensaft
1 Bananenscheibe mit Schale
1 Cocktailkirsche

1. Alle Flüssigkeiten in einem Shaker mit Eis kräftig schütteln und alles in ein Longdrinkglas mit Eiswürfeln abseihen.
2. Die Bananenscheibe auf den Glasrand stecken und die Cocktailkirsche mit einem Spießchen darauf befestigen.
(Foto: Mitte rechts)

Dr. Funk

2 cl Zitronensaft
2 cl Rose's Lime-Juice
3 cl Grenadine
2 cl Pernod
4 cl brauner Rum
Soda

1. Alle Zutaten in einem Shaker mit Eis kurz, aber kräftig schütteln und in ein mit Eiswürfeln gefülltes Longdrinkglas abseihen.
2. Den Drink mit Soda auffüllen und mit einem Trinkhalm servieren.
(Foto: ganz rechts)

Rum Tonic

4 cl brauner Rum
Tonic Water
¼ Limette (oder Zitrone)

1. Ein großes Longdrinkglas mit Eiswürfeln füllen, den Rum darübergießen und mit Tonic auffüllen.
2. Das Limettenviertel ausdrücken und den Saft über den fertigen Longdrink geben.

Casablanca

3 cl Wodka
1 cl Eierlikör
1 cl Galliano
2 cl Zitronensaft
4 cl Orangensaft
1 Scheibe einer ungespritzten Orange

1. Sämtliche Zutaten in einem Shaker mit Eis schütteln und in ein zur Hälfte mit Eis gefülltes Longdrinkglas abseihen.
2. Den Glasrand mit einer Orangenscheibe garnieren.

Sweet Scotch

3 cl Scotch Whisky
2 cl Crème de Cacao weiß
Soda
1 ungespritzte Miniorange

1. Zwei große Eiswürfel in einen Tumbler geben, Scotch und Crème de Cacao darübergießen und mit Soda auffüllen.
2. Die Miniorange einschneiden und auf den Glasrand stecken.

Coqueta

4 cl weißer Rum
2 Barlöffel Southern Comfort
2 Barlöffel Cointreau
6 cl Ananassaft
6 cl Orangensaft
1 Ananasscheibe
1 Scheibe einer ungespritzten Orange
1 Cocktailkirsche
1 Zweig Zitronenmelisse

1. Alle Flüssigkeiten in einem Shaker mit Eis gut schütteln und in ein Longdrinkglas abseihen.
2. Den Drink mit den Früchten und dem Zweig garnieren.

Bloody Mary

9 cl Tomatensaft
1,5 cl Zitronensaft
4,5 cl Wodka
1 Spritzer Tabasco
1 Barlöffel Worcestersauce
Pfeffer und Salz
1 Kirschtomate

1. Alle Zutaten, außer Salz und Pfeffer, in einem Shaker mit Eis kräftig schütteln und den Drink anschließend in ein Longdrinkglas abseihen.
2. Die Bloody Mary mit Salz und Pfeffer bestreuen.
3. Die Kirschtomate auf ein Cocktailspießchen stecken und über das Glas legen.

Deep Dream

3 cl Bourbon Whiskey
2 cl Apricot Brandy
1 cl Vermouth Dry
Orangensaft
1 Scheibe einer ungespritzten Orange

1. Whiskey, Apricot Brandy und Vermouth in einem Shaker mit viel Eis kräftig schütteln und in ein Longdrinkglas seihen.
2. Den Deep Dream mit Orangensaft auffüllen und mit einer Orangenscheibe dekorieren.
3. Den Longdrink mit einem kleinen Barquirl servieren.
(Foto Seite 75: Mitte links)

Frutas con Ron

3 cl brauner Rum
1 cl weißer Rum
3 cl Maracujasaft
3 cl Ananassaft
3 cl Orangensaft
4 Barlöffel beliebige Früchte
1 Ananasscheibe

1. Die Fruchtsäfte und den Rum in einem Shaker mit Eis kräftig schütteln.
2. Ein Longdrinkglas zur Hälfte mit Eis füllen und den Drink darauf abseihen.
3. Die Früchte mit einem Löffel auf das Eis geben und die aufgespießte Ananasscheibe über das Glas legen.

Horse's Neck

4 cl Bourbon Whiskey
1 Spritzer Angostura
Ginger-ale
1 Zitrone

1. Drei große Eiswürfel in ein Longdrinkglas geben und den Whiskey und Angostura darübergießen.
2. Alles mit Ginger-ale auffüllen.
3. Die Zitrone spiralförmig abschälen und ein Schalenstück über den Glasrand hängen.
(Foto Seite 75: links)

Irish Orange

4 cl Irish Whiskey
1 cl Zitronensaft
1 cl Grenadine
Bitter Orange
1 ungespritzte Orange

1. Alle Zutaten, außer Bitter Orange, in einem Shaker mit viel Eis kräftig schütteln und in einen Tumbler mit drei Eiswürfeln abseihen.
2. Den Drink mit Bitter Orange auffüllen.
3. Die Orange spiralförmig abschälen und das Glas mit der Schale dekorieren.
(Foto Seite 75: rechts)

Mint Julep

4 cl Bourbon Whiskey
1 Barlöffel Zucker
Soda
4 Pfefferminzzweige

1. Von zwei Pfefferminzzweigen die Blätter abzupfen und in einem Tumbler mit dem Zucker zerreiben.
2. Den Whiskey in das Glas geben und etwas Soda hinzufügen.
3. Das Glas mit zerstoßenem Eis auffüllen und mit einem Barlöffel so lange rühren, bis am äußeren Glasrand ein Eisfilm entsteht.
4. Das Ganze mit den restlichen Pfefferminzzweigen garnieren.
(Foto Seite 75: Mitte rechts)

September Morn

6 cl weißer Rum	
1 cl Grenadine	
2 cl Limettensaft	
1 Eiweiß	

1. Sämtliche Zutaten mit vier großen Eiswürfeln in einem Blender kurz mixen.
2. Den Longdrink langsam in ein Highballglas gießen, denn durch das Eiweiß bildet sich eine Schaumkrone.

Seejungfrau

2 cl Gin
2 cl Vermouth Bianco
2 cl Curaçao blue
Bitter Orange
1 ungespritzte Zitrone
1 Scheibe einer ungespritzten Orange

1. Drei große Eiswürfel in ein Longdrinkglas geben und Gin, Vermouth und den Curaçao darübergießen.
2. Alles mit Bitter Orange auffüllen.
3. Die Zitrone spiralförmig abschälen und die Schale in das Glas hängen.
4. Die Orangenscheibe neben die Zitronenscheibe auf den Glasrand stecken und den Longdrink mit einem Trinkhalm servieren.
(Foto oben: Mitte)

Wolga Clipper „Long"

3 cl Wodka
2 cl Apricot Brandy
3 cl Orangensaft
Bitter Orange
1 ungespritzte Miniorange

1. Alle Flüssigkeiten in einem Shaker mit Eis gut schütteln und in ein Longdrinkglas abseihen.
2. Den Drink mit Bitter Orange auffüllen und den Glasrand mit der Miniorange dekorieren.
(Foto oben: links)

Paradiso

3 cl Gin
2 cl Apricot Brandy
100 ml Orangensaft
1 Scheibe einer ungespritzten Orange

1. Die Zutaten, außer dem Orangensaft, in einem Shaker mit Eis gut schütteln und in ein Longdrinkglas abseihen.
2. Eiswürfel nach Belieben hinzufügen.
3. Das „paradisische" Glas mit der Orangenscheibe dekorieren.
(Foto oben: rechts)

Bahia II

3 cl brauner Rum
3 cl weißer Rum
3 cl Coconut Cream
4 cl Mangosaft
Früchte der Saison

1. Vier große Eiswürfel mit den Flüssigkeiten in einem Shaker kurz, aber kräftig schütteln.
2. Den Drink mit dem Eis in ein Longdrinkglas füllen und mit den Früchten garnieren.

Pink Rum

4 cl brauner Rum
2 cl Rose's Lime-Juice
2 cl Grenadine
Bitter Lemon
¼ ungespritzte Limette

1. Sechs Eiswürfel in ein Longdrinkglas geben und den Rum, Lime-Juice und Grenadine darübergießen und alles gut umrühren.
2. Den Drink mit Bitter Lemon auffüllen.
3. Das Limettenviertel über dem Longdrink ausdrücken und zum Schluß hineingeben.
4. Das Glas mit einem Trinkhalm servieren.
(Foto rechts: links)

— BARGEFLÜSTER —

Die Heimat des Rums liegt in der Karibik: Jamaika und Kuba gelten als Zentren höchsten Rumgenusses. Der kubanische Rum war früher sehr beliebt, doch seit dem Wechsel des politischen Regimes unter Fidel Castro ist er besonders in den USA verpönt. Da trinken die Amerikaner lieber das Cola-Rum-Gemisch „Cuba Libre" und träumen bei einer Zigarre Marke Havanna von der Rückkehr ins kapitalistische Reich!

Rum Daisy

4 cl brauner Rum
2 cl Zitronensaft
2 cl Himbeersaft
Soda
1 Minzzweig

1. Vier große Eiswürfel in ein Longdrinkglas geben und den Rum und die Fruchtsäfte darübergießen.
2. Alles mit Soda nach Geschmack auffüllen, das Glas mit dem Minzzweig dekorieren und mit einem Trinkhalm servieren.

Hawaiian Banger

4 cl brauner Rum
2 cl Galliano
8 cl Orangensaft
½ Scheibe einer ungespritzten Orange
1 Cocktailkirsche

1. Vier große Eiswürfel in ein Longdrinkglas geben, alle Flüssigkeiten darübergießen und anschließend gut umrühren.
2. Die Orangenscheibe und die Kirsche auf ein Cocktailspießchen stecken und dieses neben einem Trinkhalm in das Glas stellen.
(Foto oben: Mitte)

Rum Callius

4 cl brauner Rum
3 cl Zuckersirup
3 cl Zitronensaft
Soda
1 Scheibe einer ungespritzten Zitrone
1 Cocktailkirsche

1. Sechs Eiswürfel in ein Longdrinkglas geben, Zitronensaft, Zuckersirup und Rum darübergießen und umrühren.
2. Alles mit Soda auffüllen und das Glas mit der Zitronenscheibe und der Kirsche dekorieren.
(Foto oben: rechts)

Chocolate Coco

3 cl weißer Rum
3 cl Malibu
2 cl Zitronensaft
6 cl Ananassaft
2 cl Schokoladensirup
Kokosraspeln

1. Den Rand eines großen Ballonglases befeuchten und auf einem mit Kokosraspeln gefüllten Teller drehen bis die Raspeln kleben bleiben.
2. Sechs Eiswürfel mit allen Zutaten in einem Shaker kurz, aber kräftig schütteln.
3. Den Longdrink mit dem Eis in das vorbereitete Glas umfüllen.

Martinique

4 cl brauner Rum
2 cl Pernod
2 cl Zitronensaft
2 cl Zuckersirup
1 Spritzer Angostura

1. Alle Zutaten in ein Longdrinkglas geben und zerstoßenes Eis hinzufügen.
2. Den Drink so lange rühren, bis das Glas beschlägt.
3. Das Glas mit einem Trinkhalm servieren.

Jamaica Cooler

4 cl weißer Rum
100 ml trockener Rotwein
1 cl Zitronensaft
1 cl Orangensaft
3 cl Zuckersirup
½ Scheibe einer ungespritzten Zitrone

1. Sämtliche Zutaten, außer der Zitrone, mit Eiswürfeln in ein Stielglas geben und verrühren.
2. Das Glas mit der halben Zitronenscheibe garnieren und mit einem Trinkhalm servieren.

Cuba Libre

4–6 cl weißer Rum
150–200 ml Coca-Cola
¼ Limette
1 Limettenscheibe

1. Vier große Eiswürfel in ein Longdrinkglas geben und den Rum darübergießen.
2. Das Limettenviertel über dem Eis ausdrücken und dazugeben.
3. Den Cuba Libre mit der Cola auffüllen und mit der Limettenscheibe garnieren.

Superlongdrink „Rudolfo"

2 cl brauner Rum
2 cl Amaretto
2 cl Wodka
4 cl Passionsfruchtsaft
4 cl Ananassaft
2 cl Zitronensaft
2 cl Grenadine
½ Ananasscheibe
Früchte der Saison

1. Vier große Eiswürfel in ein großes Ballonglas geben und alle Flüssigkeiten über das Eis gießen.
2. Den Longdrink gut umrühren und die kleingeschnittene Ananasscheibe hinzufügen.
3. Verschiedene Früchte der Saison auf einen langen Cocktailspieß stecken und in das Glas stellen.
4. Den Superlongdrink mit einem Trinkhalm sofort servieren.
(Foto links)

---BARGEFLÜSTER---

Kenner behaupten steif und fest, jamaikanischer Rum sei so aromatisch, daß man ein Gläschen davon in einer mit Wasser gefüllten Badewanne herausschmecken würde.

Tahiti

3 cl brauner Rum
3 cl Malibu
2 cl Zitronensaft
8 cl Orangensaft
3 Kokosnußstreifen

1. Vier Eiswürfel mit dem Rum, dem Malibu und den Fruchtsäften in einem Shaker kurz aber kräftig schütteln und dann mit dem Eis in ein Longdrinkglas geben.
2. Drei Kokosnußstreifen über den Glasrand legen und den Tahiti mit einem Trinkhalm servieren.
(Foto oben: links)

Hula Hula

3 cl brauner Rum
3 cl weißer Rum
3 cl Zuckersirup
3 cl Zitronensaft
5 cl Maracujasaft
Früchte der Saison

1. Alle Zutaten, außer den Früchten, mit vier großen Eiswürfeln in einem Blender kurz mixen und in ein Ballonglas gießen.
2. Die Früchte auf einen Cocktailspieß stecken und in das Glas stellen, mit einem Trinkhalm servieren.
(Foto oben: Mitte)

Coco Loco

3 cl brauner Rum
3 cl Malibu
3 cl Maracujasaft
3 cl Orangensaft
Früchte der Saison

1. Vier große Eiswürfel mit den Flüssigkeiten in einem Shaker kurz, aber kräftig schütteln und dann mit dem Eis in ein Longdrinkglas gießen.
2. Die Früchte auf einen langen Cocktailspieß stecken und in das Glas stellen.
(Foto oben: rechts)

Ob cremig-zart, ob eisig-kühl … – Egg Noggs, Flips & Co.

Diese Drinks zählen zu den Longdrinks und werden mit Milch, ganzen Eiern oder nur mit den Dottern zubereitet. Leider werden sie bei uns recht stiefmütterlich behandelt, obwohl sie es sicherlich nicht verdient haben! Das Experimentieren mit ihnen lohnt sich. Egg Noggs, Flips & Co. gibt es fruchtig frisch für die Sommerparty oder heiß und süß für lange Winterabende.
Noch ein Tip: Nach der Zubereitung sollten diese Drinks sofort serviert werden, da sie sonst an Geschmack verlieren und unappetitlich aussehen können.

EGG NOGGS, FLIPS & CO.

Blackberry Egg Nogg

3 cl Brombeerlikör
4 cl Rotwein
4 cl Sahne
2 cl Milch
1 Ei
1 Barlöffel Zuckersirup
1 kleiner Brombeerzweig

1. Alle Zutaten in einem Shaker mit Eis schütteln und in ein Longdrinkglas abseihen.
2. Das Glas mit einem kleinen Brombeerzweig garnieren.
(Foto: Mitte rechts)

Drambuie Egg Nogg

4 cl Scotch Whisky
2 cl Drambuie
2 Barlöffel Honig
1 Ei
Muskatnuß
Milch

1. Die ersten vier Zutaten in einem Shaker mit Eis schütteln und in ein Longdrinkglas abseihen.
2. Den Egg Nogg mit Milch auffüllen und über den Drink etwas Mußkatnuß reiben.
(Foto: links)

Tennessee Egg Nogg

Für 2 Portionen

6 cl Bourbon Whiskey
3 cl Brandy
2 cl brauner Rum
4 cl Sahne
2 kleine Eier
200 ml Milch
1 Eßlöffel Zucker
Mußkatnuß

1. Die Eier trennen und die Eigelbe mit dem Whiskey, dem Brandy und dem Rum in einem hohen Gefäß verrühren.
2. Sahne, Milch und Zucker mischen und langsam dazugießen.
3. Die steifgeschlagenen Eiweiße bis auf einen kleinen Rest unterheben und den Egg Nogg in ein hohes Glas gießen.
4. Den Drink mit dem Rest Eischnee garnieren und etwas Mußkatnuß darüberreiben.
(Foto: Mitte links)

— BARGEFLÜSTER —

Auch wenn die Rezeptur des Tennessee Egg Nogg nach zwei „kleinen" Eiern verlangt, sind hier noch immer die Eier unseres allseits bekannten Haushuhns gemeint. Auch wenn es Vögel gibt, die kleinere Eier legen.

Virginia Egg Nogg

Für 4 Portionen

6 cl Bourbon Whiskey
6 cl brauner Rum
6 cl Apricot Brandy
200 ml Sahne
200 ml Milch
2 Eier
3 Teelöffel Zucker
Muskatnuß

1. Zuerst die Eier trennen und die Eigelbe mit dem Zucker und den Spirituosen in einem Wasserbad verrühren.
2. Die Eiweiße steif schlagen, etwas zum Garnieren beiseite stellen und den restlichen Eischnee vorsichtig unter die Masse heben.
3. Milch und Sahne mischen, dazugießen und alles bis kurz vor dem Siedepunkt erhitzen.
4. Den Drink in ein großes Glas füllen, mit dem Eischnee garnieren und mit etwas geriebener Muskatnuß bestreuen.
(Foto: rechts)

Kentucky Egg Nogg

Für eine Gesellschaft

1 Flasche Bourbon Whiskey
½ Flasche Weinbrand
½ Flasche brauner Rum
9 Eßlöffel Zucker
12 Eier
2 l Milch
Muskatnuß

1. Zunächst die Eier trennen, dann die Eigelbe in ein Bowlengefäß geben und mit dem Zucker verrühren.
2. Die Spirituosen leicht erhitzen und in das Bowlengefäß gießen.
3. Die vorgewärmte Milch mit den Eiweißen unter ständigem Rühren hinzufügen.
4. Den Kentucky Egg Nogg in kleine Tumbler oder Punschgläser füllen, mit geriebener Muskatnuß bestreuen und servieren.

Grand Egg Nogg

4 cl Cognac
2 cl Grand Marnier
4 cl Sahne
2 cl Milch
1 cl Zuckersirup
1 Eigelb
1 Scheibe einer ungespritzten Orange

1. Die Zutaten, außer der Orangenscheibe, in einem Shaker mit Eiswürfeln kräftig schütteln und in ein Longdrinkglas abseihen.
2. Das Glas mit der Orangenscheibe garnieren und sofort servieren.
(Foto Seite 85: oben Mitte)

Orange Egg Nogg

4 cl Cointreau
4 cl Orangensirup
4 cl Milch
2 cl Sahne
1 Ei
1 ungespritzte Miniorange

1. Alle Zutaten, außer der Miniorange, in einem Shaker mit Eis kräftig schütteln und in einen Tumbler abseihen.
2. Das Glas mit der Miniorange garnieren und sofort servieren.
(Foto Seite 85: oben links)

Rum Egg Nogg

4 cl brauner Rum
2 cl Kaffeelikör
6 cl Sahne
2 cl Milch
1 cl Zuckersirup
1 Eigelb

1. Sämtliche Zutaten in einem Shaker mit viel Eis gut schütteln.
2. Den Egg Nogg in ein Longdrinkglas abseihen und servieren.
(Foto Seite 85: unten Mitte)

Breakfest Egg Nogg

3 cl Cognac
3 cl Curaçao blue
6 cl Milch
1 cl Zuckersirup
1 Ei

1. Alle Zutaten in einem Shaker mit viel Eis kräftig schütteln.
2. Den Egg Nogg in ein Longdrinkglas abseihen und sofort servieren.
(Foto Seite 85: oben rechts)

Holiday Egg Nogg

4 cl Bourbon Whiskey
2 cl Rum
1 cl Zuckersirup
4 cl Milch
1 Ei
Muskatnuß

1. Die Zutaten, außer der Muskatnuß, in einem Shaker mit Eis schütteln und in ein Longdrinkglas abseihen.
2. Den Drink mit etwas abgeriebener Muskatnuß bestreuen.
(Foto Seite 85: unten rechts)

Baltimore Egg Nogg

2 cl Cognac
2 cl Rum
2 cl Madeira
12 cl Milch
1 Eigelb
Muskatnuß

1. Cognac, Rum, Madeira und das Eigelb in einem Shaker mit Eis schütteln und in ein Phantasieglas abseihen.
2. Den Drink mit der Milch auffüllen und etwas Muskatnuß darüberreiben.
(Foto Seite 85: unten links)

Orangen Flip

2 cl Cognac
4 cl Grand Marnier
1 cl Grenadine
1 Eigelb

1. Alle Zutaten in einem Shaker mit Eis kurz, aber kräftig schütteln.
2. Den Flip in eine Cocktailschale abseihen und servieren.

Mokka Flip

5 cl Kahlúa
1 cl Sahne
1 Eigelb
Muskatnuß

1. Kahlúa, Sahne und das Eigelb in einem Shaker mit Eis schütteln und in eine Cocktailschale abseihen.
2. Den Drink mit etwas geriebener Muskatnuß bestreuen und sofort servieren.

EGG NOGGS, FLIPS & CO. 85

EGG NOGGS, FLIPS & CO.

Banana Flip

4 cl Bananenlikör
2 cl Wodka
4 cl Orangensaft
1 Ei
1 Banane
Zitronensaft

1. Die Banane schälen und zur Hälfte pürieren.
2. Die andere Bananenhälfte in dicke Scheiben schneiden und diese sofort mit Zitronensaft beträufeln, damit sie nicht braun werden.
3. Die restlichen Zutaten mit der pürierten Bananenhälfte in einem Shaker mit Eis kräftig schütteln und in einen Tumbler abseihen.
4. Die Bananenscheiben auf einen langen Cocktailspieß stecken und in das Glas stellen.
(Foto links: links)

Bourbon Flip

3 cl Bourbon Whiskey
1 cl brauner Rum
3 cl Sahne
1 cl Zuckersirup
1 Eigelb
Muskatnuß

1. Alle Zutaten, außer der Muskatnuß, in einem Shaker mit Eis kräftig schütteln und in eine Cocktailschale abseihen.
2. Etwas Muskatnuß über den Flip reiben und servieren.

Cognac Flip

4 cl Cognac
2 cl Grand Marnier
1 cl Sahne
1 cl Zuckersirup
1 Eigelb, Muskatnuß

1. Alle Zutaten, außer der Muskatnuß, in einem Shaker mit Eiswürfeln kräftig schütteln und dann in einen Tumbler abseihen.
2. Den Flip mit etwas geriebener Muskatnuß bestreuen und servieren.
(Foto oben: rechts)

Rum Coffee Flip

3 cl brauner Rum
1 cl Kaffeelikör
1 cl Crème de Cacao braun
1 cl Zuckersirup
1 Ei, Muskatnuß

1. Sämtliche Zutaten, außer der Muskatnuß, in einem Shaker mit Eis kräftig schütteln und dann in einen Tumbler abseihen.
2. Etwas Muskatnuß über den Flip reiben und servieren.
(Foto oben: Mitte)

Curaçao Flip

4 cl Curaçao blue
4 cl Orangensaft
1 Eigelb

1. Die Zutaten in einem Shaker mit Eiswürfeln kurz, aber kräftig schütteln.
2. Den Flip in eine Cocktailschale abseihen und sofort servieren.

Madeira Flip

5 cl Madeira
1 cl Crème de Cacao braun
2 Barlöffel Zuckersirup
1 Ei
etwas Bitterschokolade

1. Alle Zutaten, außer der Schokolade, in einem Shaker mit Eis schütteln und in einen Tumbler abseihen.
2. Den Flip mit etwas abgeriebener Bitterschokolade bestreuen und servieren.
(Foto rechts: Mitte)

Sherry Flip

4 cl Sherry
1 cl Apricot Brandy
1 cl Zuckersirup
1 Ei
Muskatnuß

1. Sämtliche Zutaten, außer der Muskatnuß, in einem Shaker mit Eis kräftig schütteln und in einen Tumbler abseihen.
2. Den Flip mit etwas geriebener Muskatnuß bestreuen.
(Foto oben: rechts)

Maracuja Flip

5 cl weißer Rum
2 cl Maracujasaft
1 Eigelb

1. Alle Zutaten in einem Shaker mit reichlich Eis kurz, aber kräftig schütteln.
2. Den Flip in eine Cocktailschale abseihen und servieren.

Campari Flip

4 cl Campari
1 cl Gin
4 cl Orangensaft
1 Eigelb

1. Campari, Gin, Orangensaft und Eigelb in einem Shaker mit Eis kräftig schütteln.
2. Den Campari Flip in eine Cocktailschale abseihen und servieren.

Port Flip

3 cl Cognac
4 cl Portwein
1 Teelöffel Zucker
1 Eigelb

1. Alle Zutaten in einem Shaker mit Eis kräftig schütteln.
2. Den fertigen Drink in eine Cocktailschale abseihen.
(Foto oben: links)

Rotwein Flip

8 cl Rotwein
2 Teelöffel Zucker
1 Eigelb
Muskatnuß

1. Die Zutaten, außer der Muskatnuß, in einem Shaker mit Eis kräftig schütteln und in eine Cocktailschale abseihen.
2. Den Rotwein Flip mit einer Prise frisch geriebener Muskatnuß bestreuen.

Mint Cream Frappé

4 cl Crème de Menthe grün
4 cl Milch
1 cl Zitronensaft
1 Barlöffel Zuckersirup
1 Kugel Kokoseis
1 Kugel Minzeis
Pfefferminzblättchen

1. Etwas zerstoßenes Eis in ein Phantasieglas geben und alle anderen Zutaten, außer den Pfefferminzblättchen, hinzufügen und kräftig umrühren.
2. Den Drink mit den Pfefferminzblättchen garnieren.
(Foto Seite 89: Mitte)

Orient Express

2 cl Amaretto
1 Eßlöffel Instantkakao
200 ml Vollmilch
feingemahlene Mandeln

1. Den Rand eines Phantasieglases etwas anfeuchten und in gemahlene Mandeln tauchen.
2. Die gut gekühlte Vollmilch und den Kakao in einem hohen Gefäß so lange mit einem Schneebesen schlagen, bis das Getränk schaumig wird.
3. Anschließend den Amaretto unterrühren.
4. Den Drink vorsichtig in das vorbereitete Glas füllen und mit einem Trinkhalm servieren.

Soft Green

3 cl Curaçao blue
2 cl Gin
6 cl Orangensaft
1 cl Limettensaft
2 Kugeln Vanilleeis
1 Scheibe einer ungespritzten Orange

1. Alle Zutaten, außer der Orangenscheibe, in einem Longdrinkglas verquirlen.
2. Den Drink mit der Orangenscheibe garnieren, mit einem Barquirl servieren.
(Foto Seite 89: rechts)

Nachbars Kirschen

1 cl Kirschwasser
1 Teelöffel Zucker
150 ml Buttermilch
1 Kugel Vanilleeis
1 Eßlöffel geschlagene Sahne
75 g entsteinte Süßkirschen aus dem Glas

1. Die Kirschen abtropfen lassen und eine davon beiseite legen.
2. Die restlichen Kirschen in den Mixer geben, Kirschwasser, Zucker und die Buttermilch hinzufügen und alles durchmixen.
3. Eine Kugel Vanilleeis in ein hohes Glas geben, den Drink darübergießen und mit Sahne und Kirsche garnieren.

— *BARGEFLÜSTER* —

Ein Mann sitzt an der Theke einer New Yorker Bar. Plötzlich kommt ein Pferd herein, stellt sich neben den Mann und ruft: „Einen Orient Express, aber fix!" Der Barmann bringt den Drink, das Pferd kippt ihn herunter und galoppiert wieder hinaus. Da sagt der Mann: „Das ist ja unglaublich!" „Das ist es", antwortet ihm der Barmann, „sonst bestellt es immer nur einen Martini!"

Erdbeer Soda

2 cl Erdbeerlikör
2 cl Zitronensirup
2 Kugeln Erdbeereis
Soda

1. Das Erdbeereis in einen Tumbler geben.
2. Den Likör und den Sirup mischen und über das Eis gießen.
3. Den Drink mit Soda auffüllen und servieren.

Apricot Cream Frappé

3 cl Apricot Brandy
3 cl Aprikosensaft
2 cl Milch
1 Barlöffel Zuckersirup
2 Kugeln Aprikoseneis
2 Aprikosen
Borkenschokolade

1. Etwas zerstoßenes Eis und das Aprikoseneis nacheinander in ein Phantasieglas geben.
2. Die Flüssigkeiten mischen, darübergießen und verrühren.
3. Die Aprikosen entsteinen, halbieren und den Drink damit garnieren.
4. Zum Schluß auf den Aprikosen noch etwas Borkenschokolade anordnen.
(Foto Seite 89: links)

Cognac au lait

2 cl Cognac
½ Teelöffel Instantkakao
1 Prise Zimt
1 Teelöffel Zucker
2 Eßlöffel geschlagene Sahne
100 ml Vollmilch
Schokoraspeln

1. Die sehr kalte Vollmilch mit dem Cognac, Zimt und Zucker verquirlen und in ein hohes Glas füllen.
2. Einen Sahnetupfer auf den Drink setzen und diesen mit Schokoraspeln garnieren.
3. Das Glas mit einem Trinkhalm servieren.

Buena Carmencita

3 cl Bananenlikör
2 cl Weinbrand
1 cl Sahne
1 Banane
⅛ l Milch

1. Die Banane schälen und pürieren.
2. Das Püree mit der eiskalten Milch und den anderen Zutaten in einem Mixglas gut verrühren.
3. Den Drink in ein hohes Glas gießen
4. Mit einem lustigen Trinkhalm servieren.

French Kissing

2 cl Cognac
1 cl Kirschwasser
1 Barlöffel Zuckersirup
1 Kugel Kirscheis
Champagner
1 Cocktailkirsche

1. Den Cognac, das Kirschwasser und den Sirup in ein Highballglas geben und verrühren.
2. Den Drink soweit mit Champagner auffüllen, daß noch Platz für die Eiskugel bleibt.
3. Das Kirscheis hinzufügen und das Glas mit der Cocktailkirsche garnieren.

Eiscrème Soda Chokolata

2 cl Crème de Cacao braun
2 cl Kirschsaft
2 Kugeln Schokoladeneis
Soda

1. Das Eis, den Crème de Cacao und das Kirschwasser nacheinander in einen Tumbler geben.
2. Den Drink mit Soda auffüllen und sofort servieren.

Ice Rickey

4 cl Scotch Whisky
3 cl Limettensaft
1 Spritzer Grenadine
1 Kugel Zitroneneis
Soda
1 ungespritzte Zitrone
1 Scheibe einer ungespritzten Limette

1. Die Zitrone spiralförmig abschälen, die Schale beiseite legen und eine Zitronenhälfte auspressen.
2. Das Zitroneneis in ein Longdrinkglas geben.
3. Den Whisky, die Grenadine, den Limetten- und den Zitronensaft in einem Shaker kräftig schütteln und über das Eis gießen.
4. Den Drink mit Soda auffüllen und mit der Zitronenschale und der Limettenscheibe garnieren.

Erdbeerdrink Baronesse

1 cl Kirschwasser
1 Teelöffel Zucker
1 Kugel Erdbeereis
50 g Erdbeeren
100 g Magermilchjoghurt
1 Eiweiß

1. Die gewaschenen Erdbeeren, außer einer für die Garnitur, mit einer Gabel zerdrücken und das Kirschwasser sowie den Zucker daruntermischen.
2. Das Erdbeereis in eine gut vorgekühlte Metallschüssel geben und mit dem Mixer cremig rühren.
3. Das Erdbeermus und den Joghurt hinzufügen und kräftig unterschlagen.
4. Den Drink in ein hohes Glas füllen.
5. Die beiseite gelegte Erdbeere zunächst in das Eiweiß, dann in den Zucker tauchen und auf dem Glasrand dekorieren.
6. Den Erdbeerdrink mit einem Trinkhalm servieren.

— BARGEFLÜSTER —

Obwohl heute die meisten heimischen und exotischen Früchte fast ganzjährig zu kaufen sind, sollte man doch stets jahreszeitenbewußt einkaufen. Frische Freilufterdbeeren schmecken allemal besser als Treibhausfrüchte.

Jet Set

1 cl Curaçao blue
1 Eßlöffel Ananassaft
1 Teelöffel Zitronensaft
75 g Magermilchjoghurt
½ Teelöffel Vanillinzucker
1 Eßlöffel geschlagene Sahne
1 Ananasstückchen

1. Den Curaçao und die Fruchtsäfte in einem Shaker kurz, aber kräftig schütteln.
2. Den Joghurt in ein hohes Rührgefäß geben, Vanillinzucker hinzufügen und mit einem Schneebesen durchschlagen.
3. Die Mischung aus dem Shaker dem Joghurt hinzufügen und alles nochmals gut verrühren.
4. Den fertigen Drink in eine Cocktailschale gießen, mit einem Sahnetupfen und dem Ananasstückchen garnieren und mit einem Trinkhalm servieren.

Frappé de Cassis

3 cl Crème de Cassis
5 cl Johannisbeersirup
2 cl Milch
1 Barlöffel Zuckersirup
2 Kugeln Johannisbeereis
4 Barlöffel Johannisbeeren

1. In ein Phantasieglas etwas zerstoßenes Eis füllen und das Fruchteis daraufgeben.
2. Alle Flüssigkeiten in einem Shaker kurz schütteln und über dem Eis abseihen.
3. Den Drink mit den Johannisbeeren garnieren.
(Foto Seite 91: links)

Cream-Frappé Citrique

3 cl Cointreau
4 cl Milch
3 cl Limettensaft
1 Barlöffel Zuckersirup
1 Kugel Zitroneneis
1 Kugel Orangeneis
1 Scheibe einer ungespritzten Orange

1. Etwas zerstoßenes Eis und die Eiskugeln nacheinander in ein Phantasieglas schichten.
2. Die Flüssigkeiten in einem Mixglas verrühren und über das Eis geben.
3. Den Glasrand mit einer Orangenscheibe garnieren.
(Foto Seite 91: Mitte)

One Ireland

4 cl Irish Whiskey
2 Barlöffel Crème de Menthe weiß
2 Kugeln Vanilleeis
Milch

1. Das Vanilleeis in ein Longdrinkglas geben.
2. Den Whiskey und Crème de Menthe in einem Shaker kurz, aber kräftig schütteln und auf das Eis gießen.
3. Den Drink mit Milch nach Geschmack auffüllen und servieren.
(Foto oben: rechts)

Peppermint Twist

Für 2 Portionen

2 cl grüner Pfefferminzlikör
1 Teelöffel Limetten- oder Zitronensaft
1 Eßlöffel Zucker
250 g gerührter Magermilchjoghurt
frische Pfefferminzblätter
2 Kugeln Pfefferminz-, „After-Eight"- oder Zitroneneis
2 Scheiben einer ungespritzten Zitrone

1. Eine Handvoll Pfefferminzblätter waschen und einige davon beiseite legen. Die restlichen Blätter fein wiegen. (Nicht im Blender pürieren, denn sonst werden sie braun!)
2. Die fein gewiegten Pfefferminzblätter mit dem Zucker, dem Limetten- oder Zitronensaft und etwas geriebener Zitronenschale in ein hohes Rührgefäß geben und gut vermischen.
3. Den Joghurt und den Pfefferminzlikör hinzufügen und alles gut miteinander verquirlen.
4. In zwei hohe Gläser jeweils eine Kugel Eis geben und die Joghurtmischung vollständig darübergießen.
5. Die fertigen Drinks zum Schluß jeweils mit einem Stück Zitronenschale und einigen Pfefferminzblättern garnieren.

Tigerlilly

Für 2 Portionen

2 cl weißer Rum
200 g Sauermilch 1,5% Fett
1 Eßlöffel Zucker
250 g Aprikosen aus der Dose
1 Eiweiß
1 ungespritzte Zitrone
Hagelzucker

1. Die Schale der Zitrone abreiben und beiseite stellen.
2. Die abgetropften Aprikosen mit dem Saft einer halben Zitrone, dem Rum und dem Zucker in einen Blender geben und kräftig mixen.
3. Die Sauermilch hinzufügen und alles zusammen auf schwächster Stufe kurz verrühren.
4. Die abgeriebene Zitronenschale mit dem Hagelzucker in einem Schälchen vermischen und das Eiweiß in ein anderes Schälchen geben.
5. Zwei hohe Gläser mit dem Rand zunächst in das Eiweiß, dann in die Zuckermischung tauchen und den Rand dann antrocknen lassen.
6. In jedes Glas einen Eiswürfel geben, den Drink vorsichtig einfüllen und mit einem Trinkhalm servieren.
(Foto links)

Bayernhimmel

Für 2 Portionen

4 cl Curaçao blue
300 g Sauermilch 1,5% Fett
1 Eßlöffel Zucker
4 Kugeln Vanilleeis
1 Limette

1. Die Limette auspressen.
2. Die Sauermilch in ein hohes Rührgefäß geben, den Limettensaft, den Curaçao und den Zucker hinzufügen und alles gut verquirlen.
3. In zwei große Gläser jeweils zwei Kugeln Eis geben, den Drink darübergießen und jedes Glas mit einem Trinkhalm servieren.

Fruchtcocktail

Für 4 Portionen

8 cl Wodka
8 cl Ananassaft
8 cl Orangensaft
8 cl Zitronensaft
500 ml Erdbeereis
Bitter Lemon
4 Cocktailkirschen
1 ungespritzte Zitrone

1. Den Wodka, Ananas-, Orangen- und Zitronensaft im Shaker mit Eis gut schütteln und dann in gut vorgekühlte Tumbler abseihen.

2. In jedes Glas eine Erdbeereiskugel geben, sofort mit dem sehr kalten Bitter Lemon auffüllen und in die Mitte eine Cocktailkirsche legen.
3. Jedes Glas mit einem Trinkhalm und Barlöffel servieren.
(Foto: rechts oben)

Sanfter Engel

Für 4 Portionen

4 cl Cointreau
4 cl weißer Rum
¼ l Orangensaft
500 ml Vanilleeis
trockener Sekt
4 Scheiben einer ungespritzten Orange

1. Den Cointreau, den Rum und den Orangensaft in einem Mixglas verrühren und dann in gut gekühlte Sektschalen geben.
2. Das Vanilleeis in acht Würfel schneiden, jeweils zwei davon in eine Schale geben und sofort mit dem trockenen, vorgekühlten Sekt auffüllen.
3. Die Orangenscheiben bis zur Mitte einschneiden und auf den Glasrand stecken.
4. Jeden Drink mit Dessertlöffel und Trinkhalm servieren.
(Foto rechts unten)

Berliner Weisse

Für 4 Portionen

8 cl Pfefferminzlikör
3 Flaschen Berliner Weißbier
500 ml Zitroneneis
einige Stengel frischer Minze

1. Die Minze gründlich waschen und trockentupfen. Vier Stengel beiseite legen und die restlichen grob hacken.
2. Das Zitroneneis mit dem Kugelportionierer oder einem großen Eßlöffel formen und in vier gut vorgekühlte Sektschalen geben.
3. Minze und Pfefferminzlikör dazugeben und mit Weißbier auffüllen.
4. Jedes Glas mit einem Stengel Minze garnieren.

BARGEFLÜSTER

Bei dieser eisigen Variante der berühmten Berliner Weisse müssen es nicht immer nur Eiskugeln sein. In Scheiben geschnittenes Eis können Sie wie Plätzchen mit kleinen Förmchen als Sterne, Monde, Blätter oder Blüten ausstechen. Die ausgestochenen Eisfiguren tauen nicht so schnell auf, wenn Sie sie vor dem Servieren nochmals gefrieren.

Eiskaffee „Orange"

Für 4 Portionen

6 cl Orangenlikör
½ l Wasser
¼ l Milch
6 Eßlöffel Kaffeepulver
2 Eßlöffel Kakao
2 Eßlöffel Zucker
2 Eßlöffel Schlagsahne
½ Eßlöffel geriebene Schokolade
500 ml Schoko-Orangen-Eis
1 Orange

1. Aus dem Wasser und dem Kaffeepulver einen Kaffee brühen und warm stellen.
2. Milch, Kakao und Zucker in einen Topf geben und erhitzen.
3. Den fertigen Kakao mit dem Kaffee verrühren, mit Orangenlikör abschmecken und kalt stellen.
4. Die Orange schälen, die weiße Haut entfernen, die Filets zwischen den Trennwänden herausschneiden, nochmals teilen und in die Kaffee-Kakao-Mischung geben.
5. Jeweils eine Kugel Eis in ein vorgekühltes Glas geben und mit dem soeben zubereiteten Drink übergießen.
6. Den Eiskaffee mit einem Sahnehäubchen und geriebener Schokolade bestreuen.
(Foto unten)

Eiskakao

Für 4 Portionen

8 cl Eierlikör
¾ l Milch
4 Eßlöffel Kakao
6 Eßlöffel Zucker
1 Eßlöffel geriebene Haselnüsse
250 ml Eierlikör-Nuß-Eis
100 ml Schlagsahne

1. In einem Topf den Kakao nach und nach mit der Milch und dem Zucker verrühren und erhitzen, aber nicht kochen.
2. Den erkalteten Kakao mit Eierlikör abschmecken und die geriebenen Haselnüsse hinzufügen.
3. Das Eierlikör-Nuß-Eis auf vier große Gläser verteilen, mit dem Kakaodrink auffüllen und mit einem Sahnehäubchen verzieren.

Eisteebecher

Für 4 Portionen

6 cl Calvados
¼ l Wasser
¼ l Apfelsaft
6 Teelöffel schwarzer Tee oder 10 Teebeutel
2–4 Teelöffel Zucker
½ Zitrone
500 ml Apfeleis
1 Apfel
4 Zweige Zitronenmelisse

1. Das Wasser und den Apfelsaft zum Kochen bringen und damit den Tee überbrühen, vier Minuten ziehen lassen, dann abgießen, mit dem Zucker süßen und alles abkühlen lassen.
2. Das Apfeleis in Würfel schneiden und in vier große Gläser füllen.
3. Den Apfeltee mit Calvados und Zitronensaft abschmecken und über das Eis gießen.
4. Den Apfel schälen, in Scheiben schneiden und diese sofort mit Zitronensaft beträufeln, damit sie nicht braun werden. Die Gläser mit Apfelscheiben und Zitronenmelisse garnieren.
(Foto Seite 94: rechts)

Red Mary

Für 4 Portionen

| 8 cl Campari |
| 750 ml Orangensaft |
| 1000 ml Zitroneneis |
| 4 frische Minzzweige |

1. Den Campari, den Orangensaft und das Zitroneneis in einem Blender kräftig mixen und dann in vier Eisgläser gießen.
2. Jedes Glas mit einem Minzzweig garnieren.
(Foto: rechts unten)

Katerkiller mit Eiskrem

Für 4 Portionen

| 8 cl Whisky |
| 4 cl Rum |
| 4 frische Eier |
| 500 ml Schokoladeneis |
| Muskatnuß |

1. Die Eier, den Whisky, den Rum und das Schokoladeneis in einem Blender gut mixen und dann in vier Gläser füllen.
2. Den Drink mit etwas frisch geriebener Muskatnuß bestreuen und mit einem Trinkhalm servieren.
(Foto: rechts oben)

— BARGEFLÜSTER —

Die Muskatnuß hat ihren Namen vom mittelalterlichen „nux muscata" – was soviel bedeutet wie „nach Moschus duftende Nuß".
Ihre Heimat sind die Tropen, wo der Echte Muskatnußbaum kultiviert wird. Die Mußkatnuß wird nach der Ernte in Kalkmilch getaucht, um sie vor Insektenfraß zu schützen.
Früher war die Muskatnuß nur als Kuchengewürz bekannt, heute dient sie als vielseitige Gewürzpflanze, auch für Gemüse. Als Gewürz sollte die Nuß immer frisch gerieben sein.

Bowlen, Grogs und Punsche – für große Gesellschaften

Bowlen sind die beliebtesten Getränke auf großen und kleinen Festen. Ihre Attraktivität beruht auf der Vielfalt der Variationen und der einfachen Zubereitung. Alle Zutaten für eine köstliche Bowle sollten immer gut vorgekühlt sein – das gilt auch für die Früchte. Besonders wichtig: Füllen Sie die Bowle immer erst kurz vor dem Servieren mit Sekt auf und rühren Sie sie dann nicht mehr um, damit die prickelnde Frische der Kohlensäure erhalten bleibt.
Grogs und Punsche assoziiert man zurecht mit einem kalten Winterabend in einer warmen Stube – sie wärmen Körper und Seele. Hier ein Tip für die Punschzubereitung: Um sein Aroma zu erhalten, sollte er niemals kochen und bei der Zubereitung öfter umgerührt werden, damit sich die Wärme gleichmäßig verteilen kann.

Schorle-Morle

Für ca. 10 Portionen

1 Flasche Moselwein
1 Flasche kohlensäurehaltiges Mineralwasser
1 ungespritzte Zitrone

1. Den Wein mit dem Wasser in einem Bowlengefäß mischen.
2. Die Zitrone spiralförmig schälen, die Schale dann beiseite legen und das Fruchtfleisch in Scheiben schneiden.
3. Die Zitronenscheiben in der Schorle schwimmen lassen und die Spiralen als Dekoration an den Gefäßrand hängen.

BARGEFLÜSTER

Es gibt wohl kaum einen Spanienurlauber, der nach seiner Rückkehr nicht von einem frischen, gut gekühlten Sangria schwärmt!
Wie so oft, gibt es aber auch hier verschiedene Rezepturen, manchmal mit mehr, manchmal mit weniger Promille.
Sangria gibt es auch fertig abgefüllt in Flaschen zu kaufen, doch gilt hier: Ohne Strand, Meer und Palmen oder einem Lied der Gipsy Kings, you can't get the Sangria-Feeling.

Apfelbowle

Für ca. 18 Portionen

500 g Äpfel
2 Eßlöffel Zucker
Zimt
abgeriebene Schale einer ungespritzten Zitrone
3 Flaschen Weißwein
1 Flasche Sekt

1. Die Äpfel schälen, vierteln, das Kerngehäuse entfernen und in kleine Würfel schneiden.
2. Die Früchte in ein Bowlengefäß geben und mit dem Zucker, etwas Zimt und der abgeriebenen Zitronenschale bestreuen.
3. Eine Flasche Weißwein über die Äpfel gießen und etwa zwei Stunden kalt stellen.
4. Kurz vor dem Servieren den restlichen Wein und die Flasche Sekt hinzugeben.

Rheinweinbowle

Für ca. 9 Portionen

1 Orange
3 Ananasringe aus der Dose
3 Gurkenscheiben
2 Pfefferminzzweige
8 cl Maraschino
8 cl Curaçao
3 Flaschen Weißwein

1. Die Orangen schälen und sorgfältig die weiße Haut entfernen.
2. Mit einem spitzen Messer die einzelnen Filets von den Zwischenhäuten lösen und in kleine Stücke schneiden.
3. Die Orangenstückchen, die Gurkenscheiben, die Ananasringe und die Pfefferminzzweige in ein Bowlengefäß geben und die Spirituosen darübergießen.
4. Den Bowlenansatz etwa eine halbe Stunde kalt stellen und kurz vor dem Servieren den Weißwein hinzufügen.

Kardinal

Für ca. 10 Portionen

3 Orangen
2 Ananasringe aus der Dose
1 Messerspitze Zimtpulver
3 Gewürznelken
2 Eßlöffel Zucker
1 Flasche Weißwein
1 Flasche Burgunder

1. Die ungespritzten Orangen waschen und von einer die Schale abreiben, die anderen schälen und in ganz dünne Scheiben schneiden.
2. Die Orangenschale und -scheiben mit den abgetropften Ananasringen, dem Zimt, den Gewürznelken und dem Zucker mischen und eine halbe Flasche Weißwein hinzufügen.
3. Diesen Ansatz etwa einen Tag an einem kühlen Ort durchziehen lassen.
4. Den Ansatz durch ein feines Sieb in ein Bowlengefäß gießen und die Ananasringe nach Geschmack wieder dazugeben.
5. Kurz vor dem Servieren den restlichen Wein hinzufügen.

Sangria

Für ca. 12 Portionen

4 Orangen
2 Zitronen
4 cl Rum oder Cognac
100 ml Malaga oder Madeira
80 g Zucker
1 l Rotwein
1 Flasche Mineralwasser

1. Die Orangen schälen, die weiße Haut sorgfältig entfernen und das Fruchtfleisch in Würfel schneiden.
2. Die Zitronen auspressen und den Saft mit dem Fruchtfleisch, dem Rum und dem Malaga gut mischen.
3. Den Bowlenansatz zudecken und etwa eine Stunde im Kühlschrank durchziehen lassen.
4. Dem Ansatz kurz vor dem Servieren den Rotwein und das Mineralwasser hinzufügen.
(Foto rechts)

Colonialbowle

Für ca. 12 Portionen

½ l Orangensaft
½ l Zitronenlimonade
¼ l Granatapfelsaft oder Grenadine
1 Messerspitze Ingwerpulver
½ l Bier

1. Den Orangensaft, die Zitronenlimonade, den Granatapfelsaft oder Grenadine und das Ingwerpulver in einem Bowlengefäß gut verrühren.
2. Den Ansatz etwa eine Stunde zugedeckt in den Kühlschrank stellen.
3. Kurz vor dem Servieren das Bier dazugießen.

Aprikosenbowle

Für ca. 20 Portionen

12 Aprikosen
200 g Zucker
10 cl Apricot Brandy
5 cl Portwein
2 Flaschen Weißwein
2 Flaschen Sekt

1. Die Aprikosen waschen, entsteinen und in Scheiben schneiden
2. Die Aprikosenscheiben mit dem Zucker, dem Portwein und dem Apricot Brandy in einem Bowlengefäß mischen.
3. Den Ansatz etwa eine Stunde kalt stellen.
4. Den Weißwein hinzufügen und nochmals umrühren.
5. Kurz vor dem Servieren die Bowle mit dem Sekt auffüllen.

Maibowle

Für ca. 15 Portionen

1 Büschel Waldmeister
Würfelzucker
2 Flaschen Weißwein
1 Flasche Sekt

1. Den sauber verlesenen Waldmeister gut waschen und abtropfen lassen.
2. Das Büschel in das Bowlengefäß hängen und mit Weißwein übergießen, bis es versinkt.
3. Den Ansatz etwa eine halbe Stunde lang zugedeckt ziehen lassen und danach den Waldmeister aus der Bowle entfernen.
4. Das Ganze mit Würfelzucker nach Geschmack würzen und vor dem Servieren mit Sekt auffüllen.

Bierbowle

Für ca. 8 Portionen

1 ungespritzte Zitrone
1 Flasche Pils
200 ml Sherry
200 ml Weinbrand
1–2 Eßlöffel Puderzucker
1 Prise geriebene Mußkatnuß
1 Flasche Sekt

1. Die Zitrone waschen, die Schale abreiben, den Saft auspressen und mit allen anderen Zutaten, außer dem Sekt, in ein Bowlengefäß geben.
2. Alles gut verrühren und etwa eine halbe Stunde kalt stellen.
3. Vor dem Servieren die Bowle mit dem Sekt auffüllen und nach Belieben Eiswürfel hinzufügen.

Gurkenbowle

Für ca. 10 Portionen

½ Salatgurke
1 ungespritzte Zitrone
5 cl Cognac
10 Stück Würfelzucker
1 Flasche Bordeaux
1 Flasche Sekt

1. Die Gurke schälen, entkernen, in kleine Würfel schneiden und in ein Bowlengefäß geben.
2. Die Gurkenstückchen mit dem Bordeaux übergießen.
3. Den Würfelzucker an der Schale der Zitrone gelb reiben und zusammen mit dem ausgepreßten Zitronensaft und dem Cognac in den Bowlenansatz geben.
3. Den Ansatz mindestens drei Stunden kalt stellen, danach die Gurkenscheiben herausnehmen und den Sekt hinzugießen.

Bananenbowle

Für ca. 16 Portionen

6 kleine Bananen
100 ml weißer Rum
5 cl Maraschino
etwas Zitronensaft
150 g Zucker
2 Flaschen Weißwein
1 Flasche Sekt

1. Die Bananen schälen, in dünne Scheiben schneiden und sofort mit etwas Zitronensaft beträufeln.
2. Die Früchte in ein Bowlengefäß geben und mit dem Zucker, dem Rum, dem Maraschino und einer Flasche Weißwein verrühren.
3. Den Ansatz für etwa eine Stunde in den Kühlschrank stellen und kurz vor dem Servieren den restlichen Wein und den Sekt dazugeben.

Williams-Christ-Bowle

Für ca. 10 Portionen

2 Williams-Christ-Birnen
1 ungespritzte Zitrone
125 g Zucker
¼ Zimtstange
4 Eßlöffel Birnenlikör
1 l Roséwein
350 ml Sekt

1. Die Birnen schälen, das Kerngehäuse entfernen und in kleine Würfel schneiden.
2. Die Zitrone waschen, spiralförmig schälen und auspressen.
3. Die Birnen in ein Bowlengefäß geben, den Zucker, den Zitronensaft, die spiralförmige Zitronenschale und die Zimtstange hinzufügen und mit dem Likör übergießen.
4. Diesen Bowlenansatz zudecken und etwa eine dreiviertel Stunde kühl stellen.
5. Die Bowle kurz vor dem Servieren mit dem Wein und dem Sekt auffüllen.

Erdbeerbowle

Für ca. 10 Portionen

300 g kleine Erdbeeren
3 Eßlöffel Karamelzucker
1 Flasche Rotwein
1 Flasche Spätburgunder
1 Flasche roter Sekt

1. Die gewaschenen und verlesenen Erdbeeren in ein Bowlengefäß geben und mit dem Zucker bestreuen.
2. Eine halbe Flasche Rotwein über die Erdbeeren gießen und diesen Ansatz etwa eine Stunde bei Zimmertemperatur ziehen lassen.
3. Anschließend den restlichen Rotwein und den Spätburgunder hinzugießen und alles zusammen kurz kühlen.
4. Vor dem Servieren die Bowle mit der Flasche Sekt auffüllen.

Ananasbowle

Für ca. 15 Portionen

1 große Dose Ananas in Scheiben
10 cl Curaçao orange
250 g Zucker
½ Flasche Rotwein
3 Flaschen Weißwein
1 Flasche Sekt

1. Die Ananasscheiben in Stücke schneiden, in ein Bowlengefäß legen und den Curaçao orange und etwas Rotwein darübergießen.
2. Diesen Ansatz etwa zwei Stunden in den Kühlschrank stellen, danach den Zucker und eine Flasche Weißwein hinzufügen.
3. Alles gut umrühren, bis sich der Zucker aufgelöst hat.
4. Zum Schluß den restlichen Weiß- und Rotwein dazugeben und vor dem Servieren mit Sekt auffüllen.
(Foto oben)

102 BOWLEN, GROGS UND PUNSCHE

Rosenbowle

Für ca. 26 Portionen

5 süß duftende Rosen
2 Eßlöffel Zucker
3 l Weißwein
1 l Sekt

1. Die Blütenblätter der Rosen abzupfen, verlesen, waschen und abtropfen lassen.
2. Die Rosenblätter mit dem Zucker und einem Liter Wein etwa eine Stunde im Kühlschrank ziehen lassen.
3. Den Ansatz durch ein Sieb in ein Bowlengefäß gießen und mit dem restlichen Wein und Sekt auffüllen.
(Foto links: oben)

Himbeerbowle

Für ca. 8 Portionen

400 g frische Himbeeren
200 ml Himbeerlikör
100 ml weißer Rum
250 ml Roséwein
1 Flasche Sekt

1. Die Himbeeren verlesen, waschen und mit dem Likör und dem Rum etwa eine Stunde kalt stellen.
2. Den Ansatz in ein Bowlengefäß geben und kurz vor dem Servieren mit dem Wein und dem Sekt auffüllen.
(Foto links: unten rechts)

Kiwibowle

Für ca. 7 Portionen

6 Kiwis
60 ml Zitronensaft
100 ml weißer Rum
4 cl Cognac
¼ Flasche Weißwein
1 Flasche Sekt

1. Die Kiwis schälen, in Scheiben schneiden und mit dem Zitronensaft, dem Rum und dem Cognac in ein Bowlengefäß geben.
2. Den Ansatz etwa zwei Stunden in den Kühlschrank stellen und kurz vor dem Servieren mit dem Wein und dem Sekt auffüllen, nicht mehr umrühren.
(Foto links: unten links)

Pfirsichbowle

Für ca. 8 Portionen

250 g frische Pfirsiche
50 g Zucker
2 Eßlöffel Wasser
1 Flasche Moselwein
350 ml Sekt

1. Die Pfirsiche kurz mit heißem Wasser überbrühen und enthäuten.
2. Die Früchte entsteinen und in Achtel schneiden.
3. Den Zucker in dem Wasser erhitzen, bis er sich aufgelöst hat.
4. Den entstandenen Zuckersirup über die Pfirsiche geben und mit einer halben Flasche Moselwein begießen.
5. Den Bowlenansatz etwa zwei Stunden kalt stellen und ihn kurz vor dem Servieren mit dem restlichen Wein und dem Sekt auffüllen.

Skandinavische Christfestbowle

Für ca. 15 Portionen

6 cl Kirschlikör
12 Stück Würfelzucker
1 Stange Zimt
1 Prise
geriebene Muskatnuß
2 l leichter Rotwein
1 Glas Sauerkirschen
1 ungespritzte Orange

1. Die Orange mit den Zuckerwürfeln abreiben, so daß diese das Orangenaroma annehmen.
2. Würfelzucker, Zimt, Muskat und Rotwein zusammen erhitzen, bis sich Schaum bildet.
3. Den Schaum abschöpfen und den Bowlenansatz erkalten lassen.
4. Den Kirschlikör und die Sauerkirschen mit Saft hinzufügen und die Bowle mindestens zwei Stunden zugedeckt kalt stellen.
5. Vor dem Servieren die Zimtstange entfernen.

Märzenbowle

Für ca. 10 Portionen

4 cl Weinbrand
2 ungespritzte Zitronen
1 ungespritzte Orange
1 Kästchen Brunnenkresse
50 g Puderzucker
1 Flasche leichter Weißwein
1 Flasche Sekt

1. Die Kresse unter fließendem Wasser abspülen und dann die Blättchen abschneiden.
2. Jeweils eine Zitrone und Orange spiralförmig schälen, die Schalen beiseite legen und alle Früchte auspressen.
3. Die Kresse mit dem Zitronen- und Orangensaft und dem Weinbrand in einem Bowlengefäß gut vermischen.
4. Den Puderzucker und den Wein dazugießen und diesen Ansatz etwa eine halbe Stunde durchziehen lassen.
5. Die Kresse mit einer Schöpfkelle entfernen und die Bowle mit dem Sekt auffüllen.
6. Die Bowle eisgekühlt, eventuell mit Eiswürfeln, servieren.

Burgunderbowle

Für ca. 10 Portionen

5 Blätter von schwarzen Johannisbeeren
3 cl Cognac
2 Eßlöffel Kandiszucker
1 Flasche roter Burgunder
1 Flasche roter Sekt

1. Die Johannisbeerblätter unter fließend kaltem Wasser waschen, trockentupfen und in ein Bowlengefäß geben.
2. Den Cognac über die Blätter gießen und den Ansatz etwa zwei Stunden kalt stellen.
3. Dem Ansatz den Kandiszucker und Burgunder hinzufügen und nochmals eine Stunde kalt stellen.
4. Vor dem Servieren die Johannisbeerblätter entfernen und die Bowle mit dem Sekt auffüllen.

--- BARGEFLÜSTER ---

Die Feuerzangenbowle erlangte nicht zuletzt durch den gleichnamigen Filmklassiker mit Heinz Rühmann ihre unglaubliche Berühmtheit.
Auch durch die Zubereitungsmethode (das Abfackeln des Zuckers), die für die Liebhaber dieses Getränkes schon fast religiösen Charakter besitzt, wurde sie zur bekanntesten aller Bowlen.

American Grog

4 cl Madeira
1 cl Rum
1 Teelöffel Zucker
1 Scheibe einer ungespritzten Zitrone
1 Gewürznelke
1 Teebeutel (schwarzer Tee)

1. Alle Zutaten zusammen erhitzen, etwas ziehen lassen und in ein vorgewärmtes Teeglas abseihen.
2. Den Grog mit kochendem Wasser auffüllen und mit einem Silberlöffel im Glas servieren.

Nibelungenlied

Für ca. 11 Portionen

1 Orange
1 Zitrone
1 Flasche Burgunder
1 Flasche Sekt

1. Die Zitrone und Orange auspressen und die Säfte in einem Glaskrug verrühren.
2. Den Burgunder dazugießen und mit diesem Ansatz die Bowlengläser etwa zur Hälfte füllen.
3. Die Gläser mit Sekt nach Geschmack auffüllen und servieren.

Helgoländer Grog

| 4 cl brauner Rum |
| 2 cl Rotwein |
| Curaçao Triple sec |
| 3 Stück Kandiszucker |
| 1 Scheibe einer ungespritzten Zitrone |

1. Rum, Rotwein und Kandiszucker erhitzen und in vorgewärmte Gläser füllen, die vorher mit Triple sec ausgeschwenkt wurden.
2. Das Glas mit kochendem Wasser auffüllen, mit der Zitronenscheibe garnieren und mit einem Silberlöffel servieren.

Feuerzangenbowle

Für ca. 14 Portionen

| 4 Orangen |
| 2 Zitronen |
| 1½ l Rotwein |
| 1 Zimtstange |
| 6 Gewürznelken |
| 1 Zuckerhut |
| 350 ml Rum (mindestens 54 Vol.-%) |

1. Die Orangen und Zitronen auspressen und den Saft mit dem Rotwein und den Gewürzen in einem Feuerzangentopf erhitzen, aber nicht kochen lassen.
2. Den Zuckerhut auf den Halter legen, mit etwas Rum tränken, über das Gefäß legen und anzünden.
3. Mit einer Schöpfkelle immer wieder Rum über den Zuckerhut gießen, bis er vollständig geschmolzen ist.
4. Die Bowle gut umrühren und in vorgewärmten Punschgläsern servieren. *(Foto links)*

Heißer Heinrich

Für ca. 4 Portionen

| ¼ l Wodka |
| 125 g Honig |
| 125 ml Wasser |
| 6 Gewürznelken |
| 6 schwarze Pfefferkörner |
| 1 Vanilleschote |
| ½ geriebene Muskatnuß |
| abgeriebene Schale von ½ ungespritzten Zitrone |

1. Den Honig mit dem Wasser unter Rühren erhitzen, bis sich der Honig aufgelöst hat.
2. Die Nelken und die Pfefferkörner zerstoßen und mit der aufgeschnittenen Vanilleschote und dem Muskat in die Flüssigkeit geben.
3. Das Ganze etwa eine viertel Stunde kochen lassen.
4. Den Wodka und die abgeriebene Zitronenschale dazugeben und den Grog zugedeckt nochmals fünf Minuten ziehen, aber nicht kochen lassen.
5. Den Grog durch ein Sieb gießen und anschließend heiß servieren.

Buttergrog

4 cl Rum
2 Eßlöffel Wasser
1 Eßlöffel brauner Zucker
1 Spritzer Angostura
einige Gewürznelken
1 Prise Zimt
1 Teelöffel Butter

1. Den Rum mit dem Wasser, dem Zucker, dem Angostura, den Nelken und dem Zimt erhitzen, aber nicht kochen lassen.
2. Die Nelken entfernen, das Getränk in ein Glas füllen und die Butter hinzufügen.

Grog Sylt

100 ml Wasser
5 cl Rum
½ Zitrone
1 Teelöffel Honig

1. Die Zitrone auspressen und mit dem Rum und dem Honig in das erhitzte Wasser geben.
2. Den Grog verrühren, bis sich der Honig aufgelöst hat und anschließend in einem Glas heiß servieren.

Tom und Jerry

Für 6 Portionen

20 cl Rum
20 cl Cognac
5 Teelöffel Zucker
4 Eier
Muskatnuß

1. Die Eier trennen, die Eiweiß mit der einen Zuckerhälfte, die Eigelb mit der anderen Zuckerhälfte schaumig rühren.
2. Diese Eier wieder zusammen verrühren, die leicht erhitzten Spirituosen hinzufügen und mit einer Tasse sprudelnd heißem Wasser auffüllen.
3. Den Grog in Teegläser füllen und mit etwas geriebener Muskatnuß bestreuen.

Holländischer Grog

Für ca. 10 Portionen

1 Flasche Arrak
250 g Zucker
6 Zitronen
¾ l Wasser

1. Die Zitronen auspressen, den Saft mit dem Arrak und dem Zucker unter Rühren erhitzen, aber nicht kochen lassen.
2. Das Wasser dazugeben und den Grog heiß servieren.

Flensburger Hühnerhof

7 cl Rum
70 ml Wasser
1 Eigelb
1 Eßlöffel Zucker

1. Das Eigelb mit dem Zucker schaumig rühren und in ein vorgewärmtes Glas füllen.
2. Den Rum mit dem Wasser erhitzen, aber nicht kochen, und unter Rühren in das Glas füllen.

Keitumer Hausgrog

1 cl Rotwein
4 cl Rum
4 Eßlöffel Wasser
4 Stück Würfelzucker
Muskatnuß
1 Scheibe einer ungespritzten Zitrone

1. Das Wasser erhitzen und den Zucker darin auflösen.
2. Rotwein und Rum zu dem Zuckerwasser geben und erhitzen, aber nicht kochen lassen.
3. Den Grog in ein Glas füllen, etwas Muskatnuß darüberreiben und den Glasrand mit der Zitronenscheibe garnieren.

Litschibowle

Für ca. 8 Portionen

4 cl Brandy
4 cl Crème de Cassis
20 Litschis aus der Dose
1 Zitrone
1 Flasche trockener Weißwein
1 Flasche trockener Sekt

1. Die abgetropften Litschis mit dem Brandy und dem Crème de Cassis in ein Bowlengefäß geben, verrühren und zugedeckt etwa zwei Stunden kalt stellen.
2. Anschließend den Wein dazugießen und alles gut umrühren.
3. Die Bowle kurz vor dem Servieren mit dem Sekt auffüllen, in Bowlengläser füllen und mit Cocktailspießchen servieren.
(Foto rechts: links)

BARGEFLÜSTER

Die Litschis sind die Früchte der in China beheimateten Litschibäume. Die bekannteste Art, Litchi chinensis, wird bis zu neun Meter hoch. Ihre Früchte werden etwa pflaumengroß. Mit ihrem erdbeerähnlichen Geschmack dienen sie bis heute bei uns fast ausschließlich zur Herstellung von Kompott oder zur Zubereitung von Drinks und Cocktails.

BOWLEN, GROGS UND PUNSCHE 107

Mangobowle

Für ca. 8 Portionen

6 cl Apricot Brandy
4 cl brauner Rum
Saft einer Zitrone
Saft einer Orange
2 Eßlöffel Zucker
2 reife Mangos
1 Flasche trockener Weißwein
1 Flasche trockener Sekt

1. Die Mangos schälen, das Fruchtfleisch in dünnen Spalten vom Kern abschneiden und in mundgerechte Stücke zerteilen.
2. Die Früchte mit dem Apricot Brandy, dem Rum, dem Orangen- und Zitronensaft und dem Zucker in ein Bowlengefäß geben, verrühren und zugedeckt etwa eine Stunde kalt stellen.
3. Die Bowle mit dem Sekt auffüllen, in Gläser füllen und mit Cocktailspießchen servieren.
(Foto rechts: rechts)

Kanada Grog

4 cl kanadischer Whiskey
½ ungespritzte Zitrone
3 Barlöffel Ahornsirup

1. Eine Scheibe von der Zitrone abschneiden, den Rest auspressen.
2. Den Zitronensaft mit den anderen Zutaten in einem Teeglas verrühren und mit kochendem Wasser nach Belieben auffüllen.
3. Das Glas mit einer halben Zitronenscheibe garnieren und servieren.

Fruchtpunsch

Für ca. 8 Portionen

300 g gemischte Dosenfrüchte
¼ l Arrak
5 cl Cognac
1 Flasche Weißwein
¼ l Sekt

1. Die abgetropften Früchte zusammen mit dem Arrak kurz aufkochen lassen.
2. Den Weißwein dazugeben und alles noch einmal erhitzen, aber nicht kochen.
3. Den Punsch mit dem Cognac und Sekt vervollständigen und sofort mit Cocktailspießchen heiß servieren.

Roter Teepunsch

Für ca. 8 Portionen

¾ l schwarzer Tee
125 ml Himbeersirup
350 ml Rotwein
75 g Zucker
7 cl Arrak

1. Alle Zutaten, außer dem Arrak, zum Kochen bringen und zum Schluß den Arrak dazugießen.
2. Den fertigen Punsch in vorgewärmten Gläsern sofort servieren.

Pariser Punsch

Für ca. 12 Portionen

1 l schwarzer Tee
½ l Armagnac
2 Zitronen
5–6 Orangen
200 g Zucker

1. Die Zitronen und Orangen auspressen und mit den restlichen Zutaten, außer dem Zucker, mischen.
2. Alles langsam erhitzen und den Zucker nach und nach hinzufügen und so lange rühren, bis er sich vollständig aufgelöst hat.
3. Den Punsch in Gläser füllen und heiß servieren.
(Foto: unten rechts)

Grog Peruschim

150 ml schwarzer Kaffee
1 Eßlöffel Rum
2 Eßlöffel Sahne
2 Teelöffel Zucker
Schlagsahne

1. Den Zucker mit dem Kaffee, dem Rum und der Sahne unter Rühren erhitzen, aber nicht kochen.
2. Den Grog in ein Glas füllen und mit einem Tupfer Schlagsahne garnieren.
(Foto: oben links)

Kaffee-Portwein-Punsch

Für ca. 10 Portionen

½ l starker Kaffee
½ l weißer Portwein
½ l Rum
Kandis- oder Würfelzucker

1. Den heißen Kaffee mit dem Portwein und dem Rum erhitzen, aber nicht kochen.
2. Unter ständigem Rühren Zucker nach Geschmack hinzufügen und so lange erhitzen, bis sich der Zucker aufgelöst hat.
3. Den Punsch in Gläser füllen und servieren.
(Foto: oben rechts)

Sherry-Tee-Punsch

Für ca. 10 Portionen

½ l starker schwarzer Tee
½ l Sherry
¼ l Arrak
100 g weißer Kandiszucker
1 ungespritzte Zitrone

1. Den schwarzen Tee mit dem weißen Kandiszucker gut verrühren und das Ganze kurz ziehen lassen.
2. In der Zwischenzeit die Schale der Zitrone abreiben und dann den Saft auspressen.
3. Alle Zutaten dem gesüßten Tee hinzufügen und alles erhitzen, aber nicht kochen.
4. Den Punsch sofort heiß servieren.

Sahnepunsch

Für ca. 10 Portionen

½ l schwarzer Tee
1 Flasche Rotwein
¼ l Rum
150 g Zucker
2 Gewürznelken
1 Zimtstange
1 ungespritzte Zitrone
250 g Schlagsahne

1. Die Zitronenschale abreiben und anschließend die Zitrone auspressen.
2. Die Nelken, die Zimtstange, den Tee, den Rotwein und die Zitronenschale unter ständigem Rühren erhitzen, bis sich der Zucker aufgelöst hat.
3. Den Rum und den Zitronensaft hinzufügen.
4. Den Punsch durch ein Sieb in vorgewärmte Gläser gießen.
5. Jedem Glas ein Sahnehäubchen aufsetzen.
(Foto: unten links)

Gewürzpunsch

Für ca. 10 Portionen

¼ l Rum
⅛ l starker schwarzer Tee
⅛ l Wasser
1 Flasche Rotwein
2 Gewürznelken
¼ Zimtstange
100 g gemahlener Ingwer
1 Zitrone

1. Von der ungespritzten Zitrone die Schale fein abreiben, die Frucht dann halbieren und den Saft auspressen.
2. Die Zitronenschale, den -saft und die restlichen Zutaten unter Rühren kurz aufkochen lassen.
3. Den Punsch durch ein feines Sieb abseihen und in Gläsern heiß servieren.

Lightdrinks –
die neuen Sanften

Zu farbenfrohen und reich dekorierten Drinks und Cocktails läßt man sich nur allzu leicht verführen. Für Leute mit Gewichtsproblemen ist der Katzenjammer dann anschließend groß – denn wer kann schon zu einem leckeren, schmackhaft servierten Drink nein sagen?
Für alle, die selbst auf der „schlanken Welle" reiten möchten oder „linientreue" Gäste zu Besuch bekommen, gibt es in diesem Kapitel kalorienarme Mixgetränke, deren Genuß man bestimmt nicht bereut. Durch den Verzicht auf Kalorienbomben wie Eier, größere Mengen Sahne, Milch und Milchprodukte sowie Eiscreme garantieren sie, mit oder ohne Alkohol, für ein unbeschwertes Trinkvergnügen.
Frischgepreßte Fruchtsäfte, Lightsäfte und -nektare mit spritzigen Auffüllern laden zu immer neuen Variationen ein.

Sparkle Orange

2 cl Ananassaft
2 cl Zitronensaft
8 cl Orangennektar light
5 cl Ginger-ale light
4 cl Soda
1 ungespritzte Orange
¼ ungespritzte Limette
¼ Ananasscheibe

1. Drei große Eiswürfel in ein Longdrinkglas geben, die Säfte dazugießen und verrühren.
2. Den Drink mit Ginger-ale und Soda auffüllen.
3. Die Orange spiralförmig schälen, ein Stück Schale und das Limettenviertel in das Glas geben und die Ananasscheibe an den Rand stecken.
(Foto Seite 113: oben links)

Bird of Heaven

1½ cl Tequila
1½ cl Crème de Cacao weiß
1 cl Amaretto
2 cl Sahne
5 cl Milch
½ frische Feige

1. Die Flüssigkeiten in einem Shaker mit Eis kräftig schütteln und in eine Cocktailschale abseihen.
2. Die halbe Feige an den Glasrand stecken.

Three Fruits

6 cl Orangennektar light
6 cl Grapefruitnektar light
3 cl Ananassaft
1 Spritzer Grenadine
1 Scheibe einer ungespritzten Orange
½ Scheibe einer ungespritzten Grapefruit

1. Alle Flüssigkeiten mit Eis in einem Shaker schütteln und dann in ein Longdrinkglas abseihen.
2. Das Glas mit den Fruchtscheiben garnieren.
(Foto Seite 113: Mitte rechts)

Miami light

6 cl Orangennektar light
6 cl Ananassaft
4 cl Sauerkirschnektar light
2 cl Zitronensaft
2 cl Grenadine
¼ frische Ananasscheibe
½ Scheibe einer ungespritzten Orange
4 Minzeblätter

1. Alle Flüssigkeiten in einem Shaker mit Eis schütteln und in ein hohes Glas abseihen.
2. Das Glas mit den Fruchtscheiben und den Minzeblättern garnieren und mit einem Trinkhalm servieren.
(Foto Seite 113: oben rechts)

Light Flamingo

12 cl Grapefruitnektar light
2 cl Limettensirup
1 cl Grenadine
1 Spritzer Zitronensaft
1 ungespritzte Zitrone
½ Scheibe einer ungespritzten Grapefruit

1. Drei Eiswürfel in ein Longdrinkglas geben, den Grapefruitnektar und den Limettensirup darübergießen und gut verrühren.
2. Den Grenadine langsam dazugießen und mit dem Zitronensaft abschmecken.
3. Die Zitrone spiralförmig schälen und mit einem Schalenstück den Glasrand garnieren.
(Foto Seite 113: Mitte links)

Blossom Light

4 cl Gin
8 cl Orangennektar light
2 Spritzer Orange Bitter
1 ungespritzte Orangenscheibe
2 Kirschen

1. Alle Flüssigkeiten in einem Shaker mit Eis schütteln und dann in eine Cocktailschale abseihen.
2. Die Orangenscheibe und die Kirsche auf ein Cocktailspießchen stecken und diesen über das Glas legen.

Cola-Dream

10 cl Sauerkirschnektar light
4 cl Grapefruitsaft
10 cl Cola light
1 Scheibe einer ungespritzten Zitrone
1 Scheibe einer ungespritzten Orange

1. Drei Eiswürfel in ein Longdrinkglas geben, die Säfte dazugießen und umrühren.
2. Den Drink mit Cola auffüllen, noch einmal kurz umrühren und den Glasrand mit den Fruchtscheiben garnieren.
(Foto Seite 113: unten links)

Apple-Coke

16 cl Cola light
4 cl Apfelsaft
⅛ einer ungespritzten Zitrone
⅛ eines ungespritzten Apfels

1. Einige Eiswürfel in ein Longdrinkglas geben, die Cola und den Apfelsaft darübergießen und einmal umrühren.
2. Das Zitronenachtel in das Glas geben und den Glasrand mit dem Apfelachtel garnieren.
(Foto Seite 113: unten rechts)

Chapala light

3 cl Tequila
1 cl Orangenlikör
1 cl Grenadine
2 cl Zitronensaft
6 cl Orangennektar light
1 Scheibe einer ungespritzten Orange
1 Minzezweig

1. Alle Flüssigkeiten in einem Shaker mit Eis kurz, aber kräftig schütteln und in ein Longdrinkglas abseihen.
2. Den Drink mit der Orangenscheibe und dem Minzezweig garnieren und gleich servieren.

Green Eyes

2 cl Gin
1 cl Vermouth Dry
1 cl Curaçao blue
12 cl Ginger-ale light
1 ungespritzte Limette

1. Gin, Vermouth und Curaçao in einem Shaker mit Eis kurz schütteln und dann in ein Longdrinkglas abseihen.
2. Den Drink mit Ginger-ale auffüllen und eventuell noch etwas zerstoßenes Eis in das Glas geben.
3. Die Limette spiralförmig schälen und ein Spiralenstück an den Glasrand hängen.

Ginger light

4 cl Ananassaft
2 cl Zitronensaft
1 cl Grenadine
10 cl Ginger-ale light
⅛ einer ungespritzten Zitrone
¼ Ananasscheibe

1. Einige Eiswürfel in ein Longdrinkglas geben, die Säfte und den Grenadine dazugießen und alles gut verrühren.
2. Den Drink mit Ginger-ale auffüllen und noch einmal umrühren.
3. Das Zitronenachtel in das Glas geben und das Ananasstückchen auf den Glasrand stecken.
(Foto: unten links)

Ginger Medium

4 cl Orangensaft
4 cl Grapefruitsaft
4 cl Aprikosennektar light
20 cl Ginger-ale light
1 Scheibe einer ungespritzten Orange
2 Scheiben Karambole

1. Drei Eiswürfel in ein Phantasieglas geben, die Säfte darübergießen und verrühren.
2. Den Drink mit Ginger-ale auffüllen und nochmals kurz umrühren.
3. Die Orangenscheibe in das Glas geben und die Karambolscheiben an den Glasrand stecken.
(Foto: unten rechts)

Blue Sky light

2 cl Gin
1 cl Curaçao blue
4 cl Milch
1 Scheibe einer ungespritzten Orange

1. Alle Flüssigkeiten in einem Shaker kurz, aber kräftig schütteln und dann in eine Cocktailschale abseihen.
2. Den Drink mit der Orangenscheibe garnieren.

Bitter Fruit

5 cl Sauerkirschnektar light
2 cl Grapefruitsaft
5 cl Orangennektar light
10 cl Bitter Lemon light
¼ ungespritzte Limette
1 Scheibe einer ungespritzten Orange

1. Drei Eiswürfel in ein Longdrinkglas geben und die Säfte dazugießen.
2. Alles gut verrühren, mit Bitter Lemon auffüllen und noch einmal kurz umrühren.
3. Das Limettenviertel in das Glas geben und die Orangenscheibe auf den Glasrand stecken.
(Foto: oben rechts)

Piña Colada light

2 cl weißer Rum
2 cl brauner Rum
6 cl Ananassaft
2 cl Coconut Cream
3 cl Milch
¼ Ananasscheibe
1 Minzezweig

1. Alle Flüssigkeiten mit Eis in einem Shaker schütteln, in ein Longdrinkglas abseihen und etwas zerstoßenes Eis dazugeben.
2. Die Ananasscheibe an den Glasrand stecken und den Minzezweig in das Glas geben.

South Sea

10 cl Ananassaft
6 cl Tropic light
1 cl Zitronensaft
1 cl Grenadine
1 Mangospalte
¼ frische Ananasscheibe

1. Sämtliche Flüssigkeiten in einem Shaker mit Eis kräftig schütteln und in ein mit zerstoßenem Eis gefülltes Longdrinkglas abseihen.
2. Die Früchte auf ein Cocktailspießchen stecken und diesen über das Glas legen.
(Foto: oben links)

Apricot-Daiquiri light

4 cl weißer Rum
2 cl Limettensaft
5 cl Aprikosennektar light
2–3 Spritzer flüssiger Süßstoff
1 Aprikosenhälfte

1. Sämtliche Flüssigkeiten in einem Shaker mit Eis schütteln und in eine Cocktailschale abseihen.
2. Die Aprikosenhälfte auf ein Cocktailspießchen stecken und über das Glas legen.

Big Yellow Bird

2 cl weißer Rum
2 cl brauner Rum
1 cl Kaffeelikör
2 cl Limettensirup
2 cl Zitronensaft
6 cl Orangennektar light
1 Minzezweig
1 Scheibe einer ungespritzten Limette

1. Alle Flüssigkeiten in einem Shaker mit Eis kräftig schütteln, in ein Longdrinkglas abseihen und zerstoßenes Eis dazugeben.
2. Das Glas mit dem Minzezweig und der Limettenscheibe garnieren.

Mojito light

4 cl weißer Rum
2 Spritzer flüssiger Süßstoff
8 cl Soda
¾ einer ungespritzten Limette
6 Minzeblätter
1 Minzezweig
1 Scheibe einer ungespritzten Limette

1. Die zwei Limettenviertel über einem Longdrinkglas ausdrücken, den Süßstoff dazugeben und gut verrühren.
2. Die ausgedrückten Limettenviertel und die Minzeblätter in das Glas geben, Rum und Soda dazugießen und mit zerstoßenem Eis auffüllen.
3. Den Drink umrühren und mit dem Minzezweig und der Limettenscheibe garnieren.
(Foto: oben links)

Light Starter

2 cl Campari
1 cl Gin
1 cl Vermouth Bianco
Soda
¼ einer ungespritzten Zitrone

1. Vier Eiswürfel in ein Longdrinkglas geben, Campari, Gin und Vermouth dazugießen und umrühren.
2. Den Drink mit Soda auffüllen und das Zitronenviertel in das Glas geben.

Victor Laslo

3 cl Wodka
1 cl Eierlikör
2 cl Zitronensaft
6 cl Orangennektar light
3 Kirschen
1 ungespritzte Orange

1. Alle Flüssigkeiten in einem Shaker mit Eis kräftig schütteln, in ein Longdrinkglas abseihen und mit zerstoßenem Eis auffüllen.
2. Die Orange spiralförmig schälen, ein Stück Schale in das Glas geben.
3. Einen Cocktailspieß mit den Kirschen in das Glas stellen.
(Foto Seite 116: oben Mitte)

New Cuba Libre

3 cl weißer Rum
19 cl Cola light
¼ einer ungespritzten Limette

1. Einige Eiswürfel in ein Longdrinkglas geben, den Rum und dann die Cola dazugießen.
2. Das Limettenviertel über dem Drink auspressen, dann hineingeben und alles einmal vorsichtig umrühren.
(Foto Seite 116: unten Mitte)

Florida light

3 cl weißer Rum
1 cl Maraschino
2 cl Grapefruitnektar light
2 cl Limettensaft
2–3 Spritzer flüssiger Süßstoff
2 cl Soda
1 ungespritzte Limette

1. Rum, Maraschino, Nektar, Saft und Süßstoff in einem Shaker mit Eis kräftig schütteln, in eine Cocktailschale abseihen und mit Soda auffüllen.
2. Von der Limette eine Scheibe abschneiden, den Rest spiralförmig schälen und ein Stück Schale in das Glas geben.
3. Die Limettenscheibe auf den Glasrand stecken.
(Foto Seite 116: oben rechts)

Sweet Paradise

2 cl Gin
1 cl Apricot Brandy
6 cl Orangennektar light
½ Scheibe einer ungespritzten Orange

1. Alle Flüssigkeiten in einem Shaker mit Eis kurz, aber kräftig schütteln und abseihen.
2. Die Orangenscheibe an den Glasrand stecken und sofort servieren.
(Foto Seite 116: unten links)

Sweet Chi Chi

4 cl Wodka
2 cl Coconut Cream
1 cl Sahne
3 cl Milch
4 cl Ananassaft
1 Streifen Kokosnuß
¼ Ananasscheibe

1. Sämtliche Flüssigkeiten in einem Shaker mit Eis kräftig schütteln, in ein Phantasieglas abseihen und mit zerstoßenem Eis nach Geschmack auffüllen.
2. Den Kokosnußstreifen und die Ananasscheibe auf ein Cocktailspießchen stecken und über den Glasrand legen.

Ward Eight No. 2

4 cl Bourbon Whiskey
2 cl Zitronensaft
5 cl Orangennektar light
2 cl Grenadine
1 Kirsche

1. Alle Flüssigkeiten in einem Shaker mit Eis kurz, aber kräftig schütteln und in eine Cocktailschale abseihen.
2. Die Kirsche in das Glas legen.

Bacardi light

3 cl weißer Rum
2 cl Zitronensaft
2–3 Spritzer flüssiger Süßstoff
1 Spritzer Grenadine
2 cl Soda
1 ungespritzte Zitrone

1. Rum, Zitronensaft, Süßstoff und Grenadine in einem Shaker mit Eis kräftig schütteln, in eine Cocktailschale abseihen und mit Soda auffüllen.
2. Die Zitrone spiralförmig schälen und ein Spiralenstück in das Glas geben.

Highball light

2 cl weißer Rum
2 cl brauner Rum
14 cl Ginger-ale light
1 ungespritzte Zitrone

1. Vier Eiswürfel in ein Highballglas geben, den Rum dazugießen und sorgfältig umrühren.
2. Den Drink mit Ginger-ale auffüllen und die Zitrone spiralförmig schälen.
3. Ein Stück Zitronenspirale in das Glas geben und servieren.
(Foto Seite 116: unten rechts)

LIGHTDRINKS

Sweet Pink Colada

4 cl weißer Rum
2 cl Ananassaft
1½ cl Grenadine
2 cl Coconut Cream
6 cl Milch
1 schmale Spalte Babyananas
1 Scheibe einer ungespritzten Limette

1. Alle Flüssigkeiten in einem Shaker mit Eis gründlich schütteln, in ein Longdrinkglas abseihen und mit zerstoßenem Eis auffüllen.
2. Die Limettenscheibe in das Glas geben und die Ananasscheibe auf den Glasrand stecken.
(Foto oben: links)

Tequila Sunrise light

4 cl Tequila
1 cl Grenadine
12 cl Orangennektar light
1 Teelöffel Zitronensaft
1 Scheibe einer ungespritzten Orange

1. Drei Eiswürfel in ein Longdrinkglas geben, Tequila und Grenadine dazugießen, mit Orangennektar und Zitronensaft auffüllen und vorsichtig umrühren.
2. Die Orangenscheibe auf den Glasrand stecken.
(Foto oben: Mitte)

Yellow Bird

2 cl weißer Rum
2 cl brauner Rum
1 cl Galliano
1 cl Zitronensaft
8 cl Orangennektar light
1 Minzezweig
1 Scheibe einer ungespritzten Orange

1. Die Flüssigkeiten in einem Shaker mit Eis kräftig schütteln, in ein Longdrinkglas abseihen und zerstoßenes Eis dazugeben.
2. Den Minzezweig in das Glas geben und die Orangenscheibe auf den Glasrand stecken.

Old Fashioned light

4 cl weißer Rum
2 Spritzer Angostura
2 Spritzer flüssiger Süßstoff
Soda
¼ einer ungespritzten Orange
¼ einer ungespritzten Zitrone
1 Kirsche

1. Einige Eiswürfel in ein Longdrinkglas geben, Rum, Angostura und Süßstoff dazugeben und umrühren.
2. Mit Soda auffüllen, die Fruchtviertel in das Glas geben, Kirsche aufstecken.
(Foto links: rechts)

Angel's Smile

2 cl Gin
2 cl Apricot Brandy
8 cl Apfelnektar light
1 Spritzer Zitronensaft
½ Scheibe eines ungespritzten Apfels

1. Die Flüssigkeiten mit Eis in einem Mixglas verrühren und dann in eine Cocktailschale abseihen.
2. Das Glas mit der Apfelscheibe garnieren.

Slowly Wallbanger

2 cl Wodka
2 cl Galliano
15 cl Orangennektar light
⅛ einer ungespritzten Orange

1. Sämtliche Flüssigkeiten in einem Shaker mit Eis kräftig schütteln und dann in ein Longdrinkglas mit vier Eiswürfeln abseihen.
2. Das Orangenachtel in das Glas geben und den Drink servieren.
(Foto unten: links)

Little Screwdriver

3 cl Wodka
11 cl Orangennektar light
¼ einer ungespritzten Orange
2 Kirschen

1. Vier Eiswürfel in ein Longdrinkglas geben, die Flüssigkeiten darübergießen und verrühren.
2. Das Orangenviertel in das Glas geben, die Kirschen auf ein Cocktailspießchen stecken und als Dekoration über das Glas legen.
(Foto unten: Mitte)

Greyhound light

3 cl Wodka
8 cl Grapefruitnektar light
1 ungespritzte Orange
1 Scheibe einer ungespritzten Grapefruit

1. Drei Eiswürfel in ein Longdrinkglas geben, die Flüssigkeiten darübergießen und alles verrühren.
2. Die Orange spiralförmig schälen und ein Schalenstück in das Glas geben.
3. Die Grapefruitscheibe auf den Glasrand stecken.
(Foto unten: rechts)

Violeta

1 cl durchgeseihter Grapefruitsaft
1 cl Himbeersirup
5 cl Früchtetee
Soda oder Tonic Water
½ Bund frische Veilchen

1. Die Veilchenblüten vom Stengel zupfen, einige davon ins Wasser legen, damit sie frisch bleiben.
2. Die restlichen Blüten mit drei kleinen Eiswürfeln in ein Ballonglas geben und vorsichtig mit dem Saft und dem Sirup beträufeln.
3. Den kalten Früchtetee am Glasrand entlang darauf laufen lassen und mit Soda oder Tonic Water vorsichtig auffüllen.
4. Den Drink mit den restlichen Blüten bestreuen, ein oder zwei davon an den Glasrand stecken und das Glas mit einem kleinen Barquirl servieren.

BARGEFLÜSTER

Bitte verwenden Sie auch hier nur ungespritzte Veilchen vom Wochenmarkt oder aus dem Garten.

Planter's light

4 cl brauner Rum
8 cl Orangennektar light
4 cl Tropic light
1 cl Grenadine
1 cl Zitronensaft
¼ Babyananas

1. Alle Flüssigkeiten in einem Shaker mit Eis schütteln, in ein Longdrinkglas abseihen und mit zerstoßenem Eis auffüllen.
2. Die Ananas auf das Glas legen.
(Foto unten: rechts)

English Prince

2 cl Scotch Whisky
½ cl Vermouth Rosso
½ cl Orangenlikör
5 cl Orangennektar light
1 Spritzer Zitronensaft
⅛ einer ungespritzten Orange

1. Sämtliche Flüssigkeiten in einem Shaker mit Eis kräftig schütteln und in eine Cocktailschale abseihen.
2. Das Orangenachtel auf ein Cocktailspießchen stecken und in das Glas stellen.

Flushing Meadow

3 cl Bourbon Whiskey
1 cl Apricot Brandy
8 cl Orangennektar light
1 cl Zitronensaft
⅛ einer ungespritzten Orange
¼ einer ungespritzten Zitrone

1. Die Flüssigkeiten in einem Shaker mit Eis kräftig schütteln und in ein Longdrinkglas abseihen.
2. Die Früchte in das Glas geben und zerstoßenes Eis nach Geschmack hinzufügen.

Mrs. Hemingway Special light

3 cl weißer Rum
1 cl Maraschino
4 cl Grapefruitnektar light
3 cl Limettensaft
3 Spritzer flüssiger Süßstoff
1 Scheibe einer ungespritzten Limette
1 Kirsche

1. Die Flüssigkeiten in einem Shaker mit Eis schütteln und in ein Cocktailglas abseihen.
2. Die Limettenscheibe an den Glasrand stecken und die Kirsche in das Glas geben.
(Foto unten: links)

Chococolada light

3 cl weißer Rum
1 cl Kaffeelikör
1½ cl Coconut Cream
5 cl Milch
2 cl Schokoladensirup
1 Teelöffel Schokoladenraspel

1. Sämtliche Flüssigkeiten in einem Shaker mit Eis einige Zeit kräftig schütteln.
2. Den Chococolada light in ein Longdrinkglas abseihen und mit zerstoßenem Eis auffüllen.
3. Den Drink mit Schokoladenraspeln bestreut servieren.
(Foto links: Mitte)

LIGHTDRINKS

Tingling Feelings

4 cl Wodka
1 cl Zitronensaft
15 cl Ginger-ale light
²/₈ einer ungespritzten Zitrone

1. Wodka und Zitronensaft mit vier Eiswürfeln in ein Longdrinkglas geben und alles gut verrühren.
2. Die Zitronenachtel in das Glas geben, den Drink mit Ginger-ale auffüllen und nochmals vorsichtig umrühren.

— BARGEFLÜSTER —

Auch wenn dieses Buch über Mixgetränke an keiner Bar fehlen darf, zeugt es natürlich nicht gerade von Professionalität, wenn Sie jedesmal, wenn ein Gast einen Wunsch äußert, vor seinen Augen in diesem Buch nachschlagen. Erlaubt ist höchstens ein unauffälliger Blick an einem versteckten Plätzchen hinter der Bar.
Ein erfahrener Barmixer kennt natürlich die wichtigsten Rezepte auswendig.
Zu den absoluten Standardrezepten gehört auch der Sour: Neben der jeweiligen Spirituose, die dem Sour dann seinen Namen gibt, sind immer Zitronensaft und Zucker (Süßstoff) die Bestandteile.

Swinger's light

2 cl Wodka
2 cl Amaretto
1 cl Zitronensaft
10 cl Orangennektar light
1 ungespritzte Orange
1 Scheibe einer ungespritzten Zitrone

1. Alle Flüssigkeiten in einem Shaker mit Eis kräftig schütteln und dann in ein Longdrinkglas abseihen.
2. Die Orange spiralförmig schälen und ein Schalenstück in das Glas geben.
3. Die Zitronenscheibe auf den Glasrand stecken.
(Foto oben: links)

Bella Roma light

3 cl Tequila
2 cl Galliano
2 cl Zitronensaft
12 cl Orangennektar light
1 Scheibe einer ungespritzten Orange
1 Kirsche

1. Die Flüssigkeiten in einem Shaker mit Eis kräftig schütteln und in ein Longdrinkglas abseihen.
2. Die Orangenscheibe auf den Glasrand stecken.
3. Die Kirsche auf ein Cocktailspießchen stecken und über das Glas legen.
(Foto oben: Mitte)

Whiskey Sour light

3 cl Bourbon Whiskey
2 cl Zitronensaft
2–3 Spritzer flüssiger Süßstoff
2 cl Soda
¼ einer ungespritzten Zitrone

1. Alle Flüssigkeiten, außer dem Soda, in einem Shaker mit Eis kräftig schütteln und dann in eine Cocktailschale abseihen und den Drink mit Soda auffüllen.
2. Mit dem Zitronenviertel garnieren und anschließend servieren.
(Foto oben: rechts)

Tropical Dream

6 cl Tropic light
6 cl Orangensaft light
5 cl Ananassaft
2 cl Zitronensaft
1–2 cl Grenadine
1 Mangostück
1 Scheibe einer ungespritzten Orange
1 Karambolescheibe

1. Alle Flüssigkeiten in einem Shaker mit Eis kurz schütteln und dann in ein mit zerstoßenem Eis gefülltes Longdrinkglas abseihen.
2. Die Früchte auf einen langen Spieß stecken und diesen dann in das Glas stellen.

Orange Tropical

12 cl Orangennektar light
2 cl Grapefruitsaft
2 cl Aprikosennektar light
2 cl Zitronensaft
1 ungespritzte Zitrone

1. Die Flüssigkeiten in einem Shaker mit Eis schütteln und dann in ein Highballglas abseihen.
2. Die Zitrone spiralförmig schälen und ein Spiralenstück in das Glas geben.

Kiss of Coconut

4 cl Orangennektar light
4 cl Ananassaft
2 cl Coconut Cream
4 cl Milch
1 Spalte Fruchtfleisch einer frischen Kokosnuß
2 Ananasstückchen

1. Sämtliche Flüssigkeiten in einem Shaker mit Eis kurz, aber kräftig schütteln und in ein mit zerstoßenem Eis gefülltes Highballglas abseihen.
2. Die Kokosnußspalte zwischen die Ananasstückchen auf einen langen Spieß stecken und diesen über das Glas legen.

Comeback

2 cl Wodka
2 cl Vermouth Rosso
5 cl Orangennektar light
1 cl Zitronensaft
1 ungespritzte Orange

1. Sämtliche Flüssigkeiten in einem Shaker mit Eis kräftig schütteln und dann in eine große Cocktailschale abseihen.
2. Die Orange spiralförmig schälen und ein Spiralenstück an den Glasrand hängen.
(Foto Seite 123: ganz links)

Radler light

200 ml alkoholfreies Bier
200 ml weiße Diätlimonade
¼ einer ungespritzten Limette

1. Das Bier und die Limonade nacheinander in ein großes Glas gießen.
2. Das Limettenviertel in das Glas geben.

Red light

3 cl weißer Rum
1 cl Limettensaft
6 cl Blutorangensaft
1 Scheibe einer ungespritzten Orange

1. Alle Flüssigkeiten in einem Shaker mit Eis schütteln und dann in eine große Cocktailschale abseihen.
2. Die Orangenscheibe auf den Glasrand stecken.
(Foto Seite 123: Mitte rechts)

Perfect Dancer

2 cl Gin
1 cl Orangenlikör
1 cl Vermouth Rosso
10 cl Orangennektar light
1 cl Zitronensaft
⅛ einer ungespritzten Orange

1. Die Flüssigkeiten in einem Shaker mit Eis kräftig schütteln, in ein Longdrinkglas abseihen und den Drink mit zerstoßenem Eis auffüllen.
2. Das Orangenachtel auf ein Cocktailspießchen stecken und diesen auf das Glas legen.
(Foto Seite 123: ganz rechts)

Fly to Moscow

2 cl Wodka
1 cl Apricot Brandy
6 cl Orangennektar light
1 Scheibe einer ungespritzten Orange

1. Wodka, Apricot Brandy und Orangennektar in einem Shaker mit Eis kräftig schütteln und abseihen.
2. Die Orangenscheibe auf den Glasrand stecken.
(Foto Seite 123: Mitte links)

Promillefreie Zone! – Mixgetränke ohne Alkohol

Drinks und Cocktails ohne Promille sind zwar noch die Stiefkinder in der Familie der Mixgetränke, befinden sich aber auf dem Vormarsch.
Sie sind eine gute Alternative für Autofahrer und all jene, die den Alkohol meiden müssen oder wollen.
Die Palette der alkoholfreien Mixgetränke reicht vom raffinierten Longdrink über cremige Egg Noggs, Flips und Shakes bis hin zu fruchtigen Bowlen.
Alkoholfreie Mixgetränke, phantasievoll dekoriert, sind übrigens auch ein Renner für alle „Kids"!
Lassen Sie sich doch einmal von unseren Rezepten inspirieren, um auf Ihrer nächsten Party eigene Kreationen anzubieten.

Eldorado

4 cl Guavensaft
4 cl Orangensaft
4 cl Maracujasaft
4 cl Ananassaft
Tonic Water
1 Ananasscheibe
1 Scheibe einer ungespritzten Orange
1 Cocktailkirsche

1. Die Säfte in einem Mixglas mit Eiswürfeln gut verrühren und dann in ein Longdrinkglas abseihen.
2. Den Drink mit Tonic Water auffüllen.
3. Das Glas mit den Früchten garnieren.
(Foto: hinten rechts)

Kirschblüte

6 cl Kirschsaft
4 cl Orangensaft
4 cl Aprikosensaft
Mineralwasser
1 Cocktailkirsche
1 Scheibe einer ungespritzten Orange

1. Die Fruchtsäfte in einem Shaker mit Eis gut schütteln und dann in ein Longdrinkglas abseihen.
2. Den Drink mit Mineralwasser auffüllen und mit den Früchten garnieren.
(Foto: Mitte links)

Baden-Baden

8 cl Sauerkirschsaft
4 cl Maracujasaft
3 cl Ananassaft
3 cl Rose's Lime-Juice
2 cl Zitronensaft
1 Scheibe einer ungespritzten Orange
1 Cocktailkirsche
1 kleiner Melissenzweig

1. Einen großen Eiswürfel, die Säfte und den Lime-Juice in ein Longdrinkglas geben und gut verrühren.
2. Den Drink mit der Kirsche, der Orangenscheibe und dem Melissenzweig garnieren.
(Foto: hinten links)

Summer Delight

2 cl Limettensaft
2 cl Himbeersirup
Soda
4 Himbeeren
2 Scheiben einer ungespritzten Limette

1. Den Saft und den Sirup mit zwei großen Eiswürfeln in ein Longdrinkglas geben, verrühren und mit Soda auffüllen.
2. Den Drink mit den Himbeeren und den Limettenscheiben garnieren und dann servieren.

Car Drive

4 cl Ananassaft
2 cl Zitronensaft
1 cl Grenadine
Ginger-ale
1 Ananasscheibe

1. Die Säfte, den Grenadine und einige Eiswürfel in ein Longdrinkglas geben, verrühren und mit Ginger-ale auffüllen.
2. Den Drink mit einer Ananasscheibe garniert servieren.

Summercooler

4 cl Orangensaft
1 Spritzer Angostura
Zitronenlimonade

1. Den Saft und den Angostura in ein mit Eis gefülltes Longdrinkglas geben und verrühren.
2. Den Drink mit Zitronenlimonade auffüllen und sofort servieren.

Sportif

6 cl Mangosaft
3 cl Zitronensaft
3 cl Ananassaft
2 cl Mandelsirup
Mineralwasser
1 Ananasstück
1 Cocktailkirsche
1 kleiner Melissenzweig

1. Die Fruchtsäfte und den Sirup in ein Longdrinkglas geben, verrühren und dann mit dem Mineralwasser auffüllen.
2. Das Ananasstück und die Kirsche auf einen Cocktailspieß stecken, mit dem Melissenzweig garnieren und in das Glas stellen.
(Foto: Mitte rechts)

Power Juice

10 cl Rote-Bete-Saft
10 cl Möhrensaft
2 cl Zitronensaft
Pfeffer
1 Gurkenstück

1. Die Säfte in einen Tumbler geben, mit Pfeffer nach Geschmack würzen und verrühren.
2. Den Drink mit einem langen, schmalen Gurkenstück garnieren.
(Foto: vorne links)

Golden Ginger-ale

4 cl Orangensaft
4 cl Ananassaft
Ginger-ale

1. Die Säfte und einige Eiswürfel in ein Longdrinkglas geben und alles verrühren.
2. Den Drink mit Ginger-ale auffüllen.

Bitter Lemon Flip

3 cl Zitronensaft
2 cl Grapefruitsaft
1 cl Grenadine
2 Barlöffel Sahne
1 Barlöffel Zuckersirup
1 Ei
Bitter Lemon
1 Scheibe einer ungespritzten Zitrone

1. Alle Zutaten, außer dem Bitter Lemon, in einem Shaker mit Eis kräftig schütteln und dann in ein Longdrinkglas abseihen.
2. Den Drink mit Bitter Lemon auffüllen und mit einer Zitronenscheibe garnieren.

Steffi-Graf-Cocktail

4 cl Birnensaft
4 cl Aprikosensaft
4 cl Kiwi-Zitrus-Saft
4 cl Orangensaft
1 Kiwischeibe
1 kleine Cocktailbirne
1 Scheibe einer ungespritzten Orange

1. Die Säfte in ein Longdrinkglas geben und gut verrühren.
2. Die Früchte auf ein Cocktailspießchen stecken und über das Glas legen.
(Foto: vorne rechts)

Blue Sky

8 cl Curaçao blue alkoholfrei
8 cl Ginger-ale
Bitter Lemon
1 ungespritzte Zitrone
1 Cocktailkirsche

1. Die Zitrone spiralförmig schälen, die Schale beiseite legen und eine Zitronenhälfte auspressen.
2. Den Zitronensaft, den Curaçao und den Ginger-ale in einem Shaker mit Eis kräftig schütteln und dann in ein Longdrinkglas abseihen.
3. Den Drink mit Bitter Lemon auffüllen und mit der Zitronenschale und der Cocktailkirsche garnieren.

Tropenzauber

4 cl Pfirsichsaft
4 cl Grapefruitsaft
4 cl Bananensaft
2 cl Grenadine
Tonic Water
1 Pfirsichscheibe

1. Die Säfte mit dem Grenadine in einem Shaker mit Eis kräftig schütteln und in ein Longdrinkglas abseihen.
2. Den Drink mit Tonic Water auffüllen.
3. Das Glas mit der Pfirsichscheibe garnieren.
(Foto oben: Mitte)

Borneo Gold

6 cl Aprikosensaft
4 cl Bananensaft
2 cl Maracujasaft
Tonic Water
½ Banane

1. Die Säfte mit einigen Eiswürfeln in ein Longdrinkglas geben, sorgfältig umrühren und dann mit dem Tonic Water auffüllen.
2. Das Glas mit der Banane garnieren.
(Foto oben: rechts)

Pineapple-Peppermint

3 Ananassafteiswürfel
9 cl Ananassaft
6 cl Bitter Lemon
2 Tropfen Pfefferminzsirup
1 Pfefferminzzweig

1. Sämtliche Zutaten, außer der Minze, in ein Longdrinkglas geben und verrühren.
2. Den Drink mit dem Pfefferminzzweig dekorieren.

Grapefruit Highball

4 cl Grapefruitsaft
2 cl Grenadine
Soda oder Ginger-ale

1. Den Grapefruitsaft und den Grenadine in einen Tumbler geben und verrühren.
2. Den Drink mit Soda oder Ginger-ale auffüllen und servieren.
(Foto oben: links)

Grapefruit Lemonade

6 cl Grapefruitsaft
1 cl Orangensaft
2 cl Grenadine
Bitter Grapefruit
1 ungespritzte Miniorange

1. Die Säfte und den Grenadine mit vier Eiswürfeln in ein Longdrinkglas geben und gut verrühren.
2. Den Drink mit Bitter Grapefruit auffüllen und mit der angeschnittenen Miniorange garnieren.
(Foto rechts: links)

Ginger Orange

5 cl Orangensaft
2 cl Zitronensaft
2 cl Limettensaft
2 Barlöffel Curaçao blue alkoholfrei
1 Barlöffel Zuckersirup
Ginger-ale
1 Scheibe einer ungespritzten Orange

1. Alle Zutaten, außer dem Ginger-ale und der Orangenscheibe, in einem Shaker mit Eis kurz, aber kräftig schütteln und dann in ein Longdrinkglas abseihen.
2. Den Longdrink mit Ginger Ale auffüllen und mit der Orangenscheibe garnieren. Einen Strohhalm hineinstellen und servieren.
(Foto rechts: rechts)

Fruit Cup I

8 cl Orangensaft
6 cl Ananassaft
4 cl Zitronensaft
2 cl Grenadine
1 Scheibe einer ungespritzten Orange
1 Cocktailkirsche

1. Die Fruchtsäfte mit dem Grenadine in einem Shaker mit Eis kräftig schütteln und dann sofort in ein Longdrinkglas abseihen.
2. Den Drink mit der Orangenscheibe und der Cocktailkirsche garnieren.
(Foto: links)

Fruit Cup II

8 cl Maracujasaft
4 cl Ananassaft
4 cl Zitronensaft
2 cl Orangensaft
2 cl Grenadine
1 Ananasstück
1 Cocktailkirsche
1 kleiner Melissenzweig

1. Die Flüssigkeiten in einem Shaker mit Eis kurz, aber kräftig schütteln und dann in ein Longdrinkglas abseihen.
2. Das Ananasstück und die Cocktailkirsche auf ein Cocktailspießchen stecken, mit dem Melissenzweig garnieren und in das Glas stellen.
(Foto: Mitte rechts)

Fürst Igor

4 cl Maracujasaft
2 cl Zitronensaft
2 cl Ananassaft
Bitter Lemon
1 Scheibe einer ungespritzten Limette
1 kleiner Melissenzweig

1. Die Säfte in ein Longdrinkglas geben, verrühren und dann mit Bitter Lemon auffüllen.
2. Das Glas mit der Limettenscheibe und dem Melissenzweig garnieren.
(Foto: Mitte links)

Simply Red

2 cl Coconut Cream
2 cl Zitronensaft
2 cl Grenadine
12 cl Ananassaft

1. Alle Zutaten in einem Shaker mit Eis kurz, aber kräftig schütteln.
2. Den fertigen Drink in ein Longdrinkglas abseihen, einen bunten Strohhalm hineinstellen und servieren.

Triver

5 cl Maracujasaft
4 cl Pfirsichsaft
3 cl Coconut Cream
2 cl Zitronensaft
Mineralwasser
1 Kiwischeibe
1 Cocktailkirsche
1 kleiner Minzzweig

1. Die Säfte und den Coconut Cream in ein Longdrinkglas geben, verrühren und mit Mineralwasser auffüllen.
2. Das Glas mit der Kiwischeibe, der Cocktailkirsche und dem Minzzweig dekorieren.
(Foto: rechts)

Johannes

100 ml schwarzer Johannisbeersaft
5 cl Orangensaft
2 cl Schokoladensirup

1. Alle Zutaten mit drei Eiswürfeln in einen Tumbler geben und gut verrühren.
2. Den Drink mit einem Trinkhalm servieren.

Limeminz

3 cl Pfefferminzsirup
3 cl Limettensirup
2 cl Zitronensaft
1 Scheibe einer ungespritzten Limette

1. Den Pfefferminz- und den Limettensirup mit dem Zitronensaft und einigen Eiswürfeln in ein Longdrinkglas geben und verrühren.
2. Das Glas mit der Limettenscheibe garnieren.

Honolulu

5 cl Orangensaft
5 cl Ananassaft
5 cl Limettensaft
2 cl Kirschsaft
2 cl Coconut Cream
1 ungespritzte Orange

1. Die Orange spiralförmig schälen und die Schale beiseite legen.
2. Alle anderen Zutaten in einem Shaker mit Eis kräftig schütteln und in ein Longdrinkglas abseihen.
3. Den Drink mit der ungespritzten Orangenschale garnieren.

Strawberry Plant

6 cl Orangensaft
6 cl Ananassaft
3 cl Zitronensaft
2 cl Erdbeersirup
3 frische Erdbeeren

1. Sämtliche Zutaten, außer einer Erdbeere, in einen Mixer geben, kräftig durchmixen und in ein Longdrinkglas füllen.
2. Das Glas mit der übriggebliebenen Erdbeere garnieren.
(Foto Seite 133: Mitte)

Mississippi

8 cl Crème de Cassis alkoholfrei
8 cl Orangensaft
1 Scheibe einer ungespritzten Orange

1. Crème de Cassis und Orangensaft mit Eiswürfeln in einen Tumbler geben und kurz rühren.
2. Den Drink mit der Orangenscheibe garnieren und mit einem Trinkhalm servieren.
(Foto Seite 133: ganz rechts)

Refresher

5 cl Orangensaft
2 cl Grenadine
Soda
1 Scheibe einer ungespritzten Orange

1. Den Orangensaft und den Grenadine in einen Tumbler geben und mit Soda auffüllen.
2. Das Glas mit der Orangenscheibe garnieren und mit einem Trinkhalm servieren.
(Foto Seite 133: ganz vorne)

Morning-Shoot

4 cl Blutorangensaft
2 cl Zitronensaft
4 cl Ananassaft
3 cl Maracujasaft
3 cl Bananensaft
1 Scheibe einer ungespritzten Blutorange

1. Alle Säfte in einem Shaker mit Eis kräftig schütteln und in ein Longdrinkglas abseihen.
2. Den Drink mit der Blutorangenscheibe garniert servieren.

Lucky Driver

5 cl Orangensaft
5 cl Grapefruitsaft
5 cl Ananassaft
2 cl Zitronensaft
2 cl Coconut Cream
1 Scheibe einer ungespritzten Orange
1 Scheibe einer ungespritzten Zitrone

1. Alle Flüssigkeiten in einem Shaker mit Eiswürfeln kräftig schütteln und dann in ein Longdrinkglas abseihen.
2. Das Glas mit der Orangen- und Zitronenscheibe garnieren.
(Foto Seite 133: ganz links)

Orange Lemonade

5 cl Orangensaft
2 cl Zitronensaft
2 cl Zuckersirup
Soda
1 Scheibe einer ungespritzten Orange

1. Die Säfte und den Sirup mit einigen Eiswürfeln in einen Tumbler geben, mit Soda nach Geschmack auffüllen und kurz verrühren.
2. Das Glas mit der Orangenscheibe garnieren und mit einem Trinkhalm servieren.
(Foto Seite 133: oben rechts)

Mandarine Cream

4 cl Mandarinensirup
6 cl Orangensaft
4 cl Sahne
1 Eigelb
1 Spritzer Grenadine
½ Scheibe einer ungespritzten Orange
1 Kirsche

1. Alle Zutaten, außer den Früchten, in einem Shaker mit Eis kräftig schütteln und in ein Bierglas füllen.
2. Das Glas mit der halben Orangenscheibe und der Kirsche garnieren.

American Glory

½ Orange
2 Spritzer Zuckersirup
Zitronenlimonade
1 Scheibe einer ungespritzten Orange

1. Zwei Eiswürfel in einen Sektkelch geben und den Zuckersirup hinzufügen.
2. Die halbe Orange auspressen und den Saft zu den anderen Zutaten in den Sektkelch gießen.
3. Den Drink mit Zitronenlimonade auffüllen, mit einer Orangenscheibe und einem Trinkhalm servieren.
(Foto Seite 133: hinten links)

MIXGETRÄNKE OHNE ALKOHOL 133

White City

3 cl Coconut Cream
5 cl Sahne
1 cl Zitronensaft
8 cl Ananassaft
1 Eßlöffel Schlagsahne

1. Alle Zutaten, außer der Sahne, in einem Shaker mit Eis kräftig schütteln und dann in ein Longdrinkglas abseihen.
2. Den Drink mit einem Sahnehäubchen garnieren.

Shirley Temple

4 cl Kirschsaft
2 cl Zitronensaft
Ginger-ale
1 Scheibe einer ungespritzten Zitrone
2 Cocktailkirschen

1. Die Säfte und die Cocktailkirschen zusammen mit zwei großen Eiswürfeln in einen Tumbler geben und dann mit Ginger-ale auffüllen.
2. Den Drink mit der Zitronenscheibe garnieren und mit einem Trinkhalm servieren.
(Foto: unten links)

Leuchtturm

4 cl Kirschsaft
2 cl Ananassaft
2 cl Bananensaft
1 cl Zitronensaft
3 cl Grenadine
Tonic Water
½ Ananasscheibe
1 Cocktailkirsche

1. Die Fruchtsäfte und den Grenadine in einem Shaker mit Eiswürfeln kräftig schütteln und dann in ein Longdrinkglas füllen.
2. Den Drink mit Tonic Water auffüllen und mit den Früchten garnieren.
(Foto: unten Mitte)

Mint Tonic

4 cl Pfefferminzsirup
1 cl Zuckersirup
Tonic Water
1½ ungespritzte Zitronen
4 frische Pfefferminzblätter

1. Die Zitronen waschen, spiralförmig schälen und den Saft auspressen.
2. Die Minzblätter mit dem Zuckersirup in ein Longdrinkglas geben und zerreiben.
3. Drei Eiswürfel, den Pfefferminzsirup und den Zitronensaft hinzufügen und mit Tonic Water nach Geschmack auffüllen.
4. Das Glas mit einem Stück spiralförmiger Zitronenschale verzieren und mit einem Trinkhalm servieren.
(Foto: unten rechts)

Himbeer-Buttermilch

125 g Buttermilch
1 Eßlöffel Schlagsahne
1 Teelöffel Himbeersirup
75 g frische Himbeeren

1. Den Sirup, die Hälfte der Buttermilch und die gewaschenen Himbeeren, außer einer für die Garnitur, in einen Mixer geben und alles gut durchmixen.
2. Die restliche Buttermilch dazugießen und alles nochmals kurz verrühren.
3. Den Drink in ein hohes Glas füllen, mit einem Sahnehäubchen und einer Himbeere garnieren und mit einem Trinkhalm servieren.

Queen Charlotte

5 cl Mandelmilch
2 cl Himbeersirup
Soda

1. Die Mandelmilch und den Sirup in einen Tumbler mit Eis geben und mit Soda nach Geschmack auffüllen.
2. Die Queen Charlotte sofort mit einem Trinkhalm servieren.

Coca-Cola-Malzmilch

3 cl Schokoladensirup
5 cl Sahne
2 Teelöffel Malzmilch
Coca-Cola

1. Die ersten drei Zutaten in einem Shaker mit Eis kräftig schütteln und in einen Tumbler abseihen.
2. Den Drink mit eiskalter Coca-Cola (oder anderer Cola-Marke) nach Geschmack auffüllen und mit einem Trinkhalm servieren.

Sonnyboy

2 Eßlöffel Sanddornsaft
1 Orange
100 g Kefir
1½ Teelöffel Traubenzucker
1 Eigelb

1. Das Eigelb mit dem Traubenzucker in einem Mixer gut verquirlen.
2. Die Orange sorgfältig auspressen.
3. Den Orangen- und Sanddornsaft unter das Eigelb rühren und mit dem Kefir auffüllen.
4. Den Drink in ein Phantasieglas füllen und mit einem Trinkhalm servieren.
(Foto oben: rechts)

Ananasdrink Tropicana

125 g Buttermilch
½ Grapefruit
75 g Ananasringe aus der Dose
½ Teelöffel Kokosraspeln
½ Teelöffel Zucker

1. Die Ananasscheiben abtropfen lassen, eine beiseite legen, die restlichen in Stücke schneiden und in den Mixer geben.
2. Die Grapefruithälfte auspressen, den Saft mit den Kokosraspeln und dem Zucker zu den Ananasstücken in den Blender füllen und gut durchmixen.
3. Die Buttermilch hinzufügen und nochmals kurz auf kleinster Stufe durchschlagen.
4. Den Drink in ein hohes Glas füllen, mit dem beiseite gelegten Ananasring garnieren und mit einem Trinkhalm servieren.
(Foto oben: links)

Milchshake Karibik

5 cl Bananensaft
5 cl Ananassaft
5 cl Buttermilch
2 cl Curaçao blue alkoholfrei
Zimt

1. Alle Zutaten, außer dem Zimt, in einem Shaker mit Eis kräftig schütteln und in ein Longdrinkglas abseihen.
2. Den Milchshake mit etwas Zimt bestreut servieren.

Florida Milk

6 cl Milch
1 cl Orangensaft
1 cl Zitronensaft
1 cl Grenadine

1. Alle Zutaten in einem Shaker mit Eis schütteln.
2. Den Drink in eine Cocktailschale abseihen und sofort servieren.

Miss Marple

1 Eßlöffel Apfelsaft
75 g Magermilchjoghurt
½ Teelöffel Zitronensaft
½ Teelöffel echter Vanillezucker
Zimt
1 Eßlöffel Schlagsahne
1 Eßlöffel Apfelmus aus dem Glas
1 Schokoblättchen

1. Apfelmus, Zitronensaft, Vanillezucker, etwas Zimtpulver und Apfelsaft in einem Rührgefäß gut verrühren.
2. Den Joghurt mit einem Schneebesen kräftig darunterschlagen und den Drink in ein hohes Glas füllen.
3. Zum Schluß die Miss Marple mit einem dicken Sahnetupfer und einem Schokoblättchen garnieren und mit einem Trinkhalm servieren.
(Foto: links)

Mokkamix

3 Kugeln Schokoladeneis
1 Teelöffel Mokka
¼ l Milch

1. Alle Zutaten in einem Mixglas kräftig verrühren.
2. Den Drink in ein Longdrinkglas abseihen und sofort servieren.

Big Banana

150 g Buttermilch
½ Banane
½ ungespritzte Orange
½ Teelöffel echter Vanillezucker

1. Von der halben Orange eine Scheibe für die Garnitur abschneiden und von der restlichen den Saft auspressen.
2. Den Orangensaft und die in Scheiben geschnittene Banane in einem Blender kräftig durchmixen.
3. Den Zucker, den Vanillezucker und die Buttermilch dazugeben und alles nochmals durchrühren.
4. Den Drink in ein hohes Glas füllen und mit der Scheibe einer ungespritzten Orange garnieren.
(Foto: Mitte)

Bananen-Eiscreme-Soda

2 Kugeln Vanilleeis
10 cl Bananensaft
1 cl Zitronensaft
Soda

1. Das Eis und die Säfte in ein Longdrinkglas geben, verrühren und mit Soda nach Geschmack auffüllen.
2. Den Drink mit einem Trinkhalm und einem Barlöffel servieren.

Birnen-Zimt-Milch

100 ml Vollmilch
1 Eßlöffel Sahne
1 Teelöffel Zitronensaft
½ Teelöffel Zimtpulver
½ Teelöffel Vanillezucker
1 Teelöffel Zucker
1 saftige Birne
Schokoladenkuvertüre

1. Die Schokoladenkuvertüre erwärmen, ein Phantasieglas mit dem Rand etwa einen halben Zentimeter tief hineintauchen und das Glas beiseite stellen.
2. Die Birne schälen, vierteln, das Kerngehäuse entfernen und das Fruchtfleisch in Würfel schneiden.
3. Die Birnenwürfel mit dem Zucker, dem Vanillezucker und dem Zitronensaft in einem Blender kräftig durchmixen.
4. Zum Schluß die Sahne, das Zimtpulver und die Milch hinzufügen und alles nochmals durchrühren.
5. Den Drink vorsichtig in das vorbereitete Glas füllen.
(Foto: rechts)

Blue Icecreme Soda

4 cl Milch
2 cl Curaçao blue alkoholfrei
1 cl Ananassirup
2 Kugeln Vanilleeis
Soda

1. Alle Zutaten, außer dem Soda, in ein Longdrinkglas mit Eis geben und verrühren.
2. Den Drink mit Soda nach Geschmack auffüllen und mit einem Trinkhalm servieren.

BARGEFLÜSTER

Curaçao ist eine in den kleinen Antillen gelegene Insel, auf der ursprünglich die Curaçao-Pomeranze angebaut wurde, aus der das Likör-Destillat hergestellt wird. Die Insel fiel bereits 1634 an die niederländische Westindische Kompanie und wurde 1791 der direkten holländischen Regierungskontrolle unterstellt. Der erste Likör wurde daher auch in Amsterdam, der Hauptstadt der Kolonialmacht, hergestellt.

Schokoladen-milchshake

2 Kugeln Vanilleeis
5 cl Milch
3 cl Schokoladensirup
Schlagsahne
Schokoladenstreusel

1. Das Eis, die Milch und den Sirup in einem Shaker kräftig schütteln und dann in ein Stielglas geben.
2. Den Milchshake mit den Schokoladenstreuseln garnieren und mit einem Trinkhalm servieren.
(Foto Seite 138: ganz rechts)

Polar Orange

2 Kugeln Vanilleeis
4 cl Milch
2 cl Orangensirup
Soda

1. Alle Zutaten, außer dem Soda, in ein Longdrinkglas geben und gut verrühren.
2. Den Drink mit Soda nach Geschmack auffüllen und mit einem Trinkhalm servieren.
(Foto Seite 138: ganz links)

Blue Ice

2 Kugeln Vanilleeis
2 cl Curaçao blue alkoholfrei
10 cl Milch

1. Alle Zutaten in einem Mixglas mit Eis verrühren.
2. Den Drink in ein Longdrinkglas abseihen und sofort servieren.
(Foto Seite 138: Mitte hinten)

Eiscreme-Soda

2 Kugeln Speiseeis nach Wahl
Soda

1. Das Eis in einen Tumbler geben und mit Soda auffüllen.
2. Eiscreme-Soda mit einem Trinkhalm und einem Barlöffel servieren.

Orange Shake

1 Kugel Vanilleeis
10 cl Milch
8 cl Orangensaft
1 cl Kirschsirup
1 Eßlöffel Schokoladenraspel
1 Eßlöffel geriebene Schale einer ungespritzten Orange

1. Die ersten vier Zutaten in einem Shaker mit Eiswürfeln kräftig schütteln und dann in eine Sektschale abseihen.
2. Den Shake zum Schluß mit den Schokoladenstreuseln und der Orangenschale bestreuen.
(Foto Seite 138: vorne Mitte)

Menthe-Eiscreme-Soda

2 Kugeln Vanilleeis
10 cl Milch
2 cl Pfefferminzsirup
Soda

1. Alle Zutaten, außer dem Soda, in ein Longdrinkglas geben und gut verrühren.
2. Den Drink mit Soda nach Geschmack auffüllen und mit einem Trinkhalm und einem Barlöffel servieren.
(Foto Seite 138: vorne links)

Aztekenfeuer

2 Kugeln Vanilleeis
¼ l kalter Kaffee
1 Prise Kakaopulver
Zimt

1. Das Eis mit dem Kaffee und dem Kakaopulver in ein Longdrinkglas geben und gut verrühren.
2. Den Drink mit etwas Zimt bestreut servieren.
(Foto Seite 138: ganz links)

Blaubeermilch-Gletscher

3 cl Blaubeersirup
3 cl Milch
1 Kugel Vanilleeis
Soda

1. Das Eis, den Sirup und die Milch in einem Shaker mit Eis schütteln und in einen Tumbler abseihen.
2. Den Drink mit Soda auffüllen und mit einem Trinkhalm servieren.

Golden Fizz

4 cl Zitronensaft
1 cl Ingwersirup
1 Eigelb
Puderzucker
Soda

1. Den Zitronensaft, den Sirup und das Eigelb in einem Shaker mit Eis schütteln und in einen Tumbler abseihen.
2. Den Fizz mit Soda auffüllen, mit Puderzucker bestäuben und mit einem Trinkhalm servieren.

Offenburg-Flip

4 cl Orangensaft
4 cl Bananensirup
2 cl Zitronensaft
1 Eigelb
½ Banane

1. Die in Scheiben geschnittene Banane und alle anderen Zutaten in einen Blender geben und gut durchmixen.
2. Den Flip in ein Longdrinkglas abseihen und servieren.

Blondine

1 Teelöffel Zucker
½ Teelöffel Vanillezucker
1 Teelöffel Zitronensaft
125 g Buttermilch
1 Kugel Vanilleeis
1 Aprikose
½ Pfirsich

1. Die Früchte waschen, entsteinen und in Spalten schneiden.
2. Das Fruchtfleisch zusammen mit dem Zucker, dem Vanillezucker und dem Zitronensaft in den Blender geben und fein pürieren.
3. Die Buttermilch auf schwächster Stufe unterrühren.
4. In ein hohes Glas eine Kugel Vanilleeis geben, den Drink dazugießen und mit einem Trinkhalm servieren.
(Foto Seite 140: links)

Vanilleshake mit Erdbeereis

100 g Dickmilch
5 Teelöffel Sahne
5 Teelöffel Milch
1 Teelöffel Zucker
1 Päckchen Vanillezucker
2 Kugeln Erdbeereis
¼ Vanilleschote
einige Erdbeeren

1. Die Dickmilch in ein hohes Rührgefäß geben und mit der Sahne und der Milch gut verrühren.
2. Aus der Vanilleschote das Mark herauskratzen und mit dem Zucker und dem Vanillezucker unter die Milch rühren.
3. In ein hohes Glas zwei Kugeln Erdbeereis geben, den Vanilleshake dazugießen und mit einigen Erdbeeren garnieren.
4. Den Drink mit einem Trinkhalm servieren.
(Foto Seite 140: Mitte)

Eisdrink Waldemar

1 Teelöffel Limettensaft
2 Eßlöffel Waldmeistersirup
1 Teelöffel Sahne
70 g Sauermilch
1 Kugel Zitronen- oder Waldmeistereis
¼ Apfel

1. Das Apfelviertel in kleine Spalten schneiden und in den Blender geben.
2. Den Limettensaft und den Sirup dazugeben und alles kräftig durchmixen.
3. Die Sahne und die Sauermilch dazugießen und alles nochmals verrühren.
4. In ein hohes Glas eine Kugel Eis geben, den Drink darübergießen und mit einem farblich passenden Trinkhalm servieren.
(Foto Seite 140: rechts)

Eier-Eiscreme-Flip

1 Kugel Vanilleeis
2 cl Vanillesirup
1 Ei
Soda
1 Cocktailkirsche

1. Das Vanilleeis, den Sirup und das Ei in einem Shaker gut schütteln und dann in einen Tumbler füllen.
2. Den Drink mit Soda auffüllen, mit einer Cocktailkirsche garnieren und mit einem Trinkhalm servieren.

Citronella

Für 2 Portionen

250 g Buttermilch
1 Eßlöffel Zucker
Saft von ½ Zitrone
2–3 Kugeln Zitroneneis
2 Scheiben einer ungespritzten Zitrone

1. Das Zitroneneis in einer vorgekühlten Metallschüssel mit dem Zitronensaft und dem Zucker cremig rühren.
2. Die Buttermilch unter ständigem Rühren hinzufügen, alles nochmals kräftig verquirlen und den Drink in zwei hohe Gläser füllen.
3. Die Gläser mit jeweils einer Zitronenscheibe oder auch einer Zitronenspirale garnieren.

Erdbeerdrink Cardinal

Für 2 Portionen

250 ml Vollmilch
1 Eßlöffel Zucker
1–3 Eßlöffel Schlagsahne
100 g frische Erdbeeren
50 g frische Himbeeren
1 Teelöffel Mandelblättchen
1 Teelöffel gehackte Pistazien

1. Die Beeren waschen, verlesen, mit einer Gabel fein zerdrücken und mit dem Zucker vermischen.
2. Die sehr kalte Milch in einem hohen Rührgefäß schaumig schlagen und die zerdrückten Beeren löffelweise hinzufügen.
3. Den Drink in zwei hohe Gläser füllen, mit jeweils einem Sahnehäubchen garnieren, mit den Mandeln und Pistazien bestreuen und mit einem dicken Trinkhalm servieren.

Peppermintdrink

Für 4 Portionen

| 600 ml Pfefferminztee |
| 4 cl Grenadine |
| Zucker |
| 500 ml Erdbeereis |
| 4 Scheiben einer ungespritzten Zitrone |
| frische Pfefferminzzweige |

1. Den eiskalten Tee mit dem Sirup und dem Zucker nach Geschmack verrühren und dann in vier hohe Gläser füllen.
2. In jedes der vier Gläser eine Erdbeereiskugel gleiten lassen.
3. Jeden Drink mit einer Zitronenscheibe und einem Pfefferminzzweig garnieren und mit einem Trinkhalm servieren.
(Foto links)

Eisrubin

Für 4 Portionen

| ¼ l Sauerkirschnektar |
| 16 cl Lime Juice |
| 500 ml Fruchteis |
| Mineralwasser |
| 1 Zitrone |

1. Jeweils eine Kugel Fruchteis in vier Gläser geben.
2. Die Zitrone auspressen und den Saft zusammen mit dem Sauerkirschnektar und dem Lime Juice in einem Blender mixen.
3. Das Gemisch zu dem Eis in die Gläser geben und alles mit Mineralwasser auffüllen.

Maracuja Lemon

Für 4 Portionen

| 16 cl Maracujasaft |
| Saft von 1 Zitrone |
| 4 Teelöffel Honig |
| 500 ml Vanilleeis oder Maracujaeismischung |
| ½ l Bitter Lemon |

1. Jeweils eine Kugel Eis in vier Cocktailgläser oder Sektschalen geben.
2. Den Honig, den Maracuja- und den Zitronensaft in einem großen Mixglas verrühren, mit Bitter Lemon auffüllen und über das Eis gießen.

Ananasmilch

Für 4 Portionen

| ½ l Milch |
| 2 Teelöffel Honig |
| Saft von 1 Zitrone |
| 500 ml Erdbeereis |
| 1 kleine Dose Ananasstücke |

1. Die Ananasstücke mit dem Saft pürieren.
2. Danach die Milch hinzufügen, verrühren und mit Honig und Zitronensaft abschmecken.
3. Jeweils eine Kugel Erdbeereis in vier hohe Gläser geben und mit der Ananasmilch auffüllen.

Johannisbeer-Flip

Für 4 Portionen

⅛ l Johannisbeersaft
¾ l Milch
4 Eigelb
4 Vanilleeis am Stiel
Kakaopulver
frische Blüten oder
Johannisbeeren

1. Die eiskalte Milch mit dem Johannisbeersaft, den Eigelben und einigen Eiswürfeln in einem großen Mixglas oder im Blender kräftig verquirlen.
2. Das Vanilleeis in vier breite Gläser stellen, die Milchmischung darübergießen und mit etwas Kakaopulver bestäuben.
3. Jeden Drink mit frischen Blüten oder Johannisbeeren garnieren.
(Foto rechts)

Red-Ginger-Shake

Für 4 Portionen

⅛ Kirschsirup
8 Teelöffel feiner Zucker
Saft von 3–4 Zitronen
4 Fruchteis am Stiel
1 Flasche Ginger-ale
frische Kirschen
feiner Zucker

1. Den Zitronensaft, den Sirup und den Zucker in einem Shaker so lange schütteln, bis sich der Zucker aufgelöst hat und dann in vier Gläser füllen.
2. Das Fruchteis über jedes Glas legen und mit Ginger-ale übergießen.
3. Die gewaschenen Kirschen in feinem Zucker wälzen, damit die Gläser garnieren und mit Trinkhalmen servieren.
(Foto links oben)

Spotlight

Für 4 Portionen

8 cl roter Johannisbeersirup
8 cl weißer Traubensaft
Saft von 2 Zitronen
4 Zitronen- oder Orangeneis am Stiel
Mineralwasser
4 Zweige Zitronenmelisse

1. Etwas zerstoßenes Eis in vier hohe Sektgläser geben und den Sirup darübergießen.
2. Anschließend vorsichtig den Traubensaft und dann den Zitronensaft zugießen, so daß sich die Getränkesorten nicht vermischen.
3. In jedes Glas ein Stieleis stellen und mit dem Mineralwasser vorsichtig auffüllen.
4. Die Drinks mit je einem Zweig Zitronenmelisse garnieren.
(Foto links unten)

BARGEFLÜSTER

Die birnenförmige Papaya gibt es bei uns inzwischen das ganze Jahr über zu kaufen. Sie hat einen leicht süßlichen Geschmack und verträgt sich daher sehr gut mit würzigen Zutaten. In der Mitte der Frucht sitzen zahlreiche ungenießbare Kerne, die vor dem Verzehr mit dem Löffel entfernt werden. Reife Papayas erkennt man an der intensiven Gelbfärbung. Das Fruchtfleisch muß sich butterweich anfühlen, erst dann lassen sich die Früchte mühelos pürieren.

MIXGETRÄNKE OHNE ALKOHOL   145

Lemon-Icecreme

Für 4 Portionen

500 ml Zitroneneis
2 ungespritzte Limetten
Bitter Lemon

1. Von den Limetten vier Scheiben abschneiden und von dem Rest die Schale abreiben.
2. Die geriebene Schale und das Eis auf vier hohe Gläser verteilen und sehr langsam und vorsichtig mit Bitter Lemon auffüllen.
3. So lange warten, bis sich der Schaum gesetzt hat und dann immer wieder Bitter Lemon nachgießen, bis die Gläser zu ⅘ gefüllt sind und eine schöne Schaumkrone haben.
4. Jedes Glas mit einem Barlöffel und einem Trinkhalm servieren.
(Foto oben links)

---- VARIATION ----

Probieren Sie diesen Durstlöscher doch mal als fruchtigen Milchshake: Zitroneneis und Limettenschale mit 1 l Milch in einen Blender geben, kurz durchmixen und dann in Gläser füllen. Wer möchte, kann den Shake noch mit 2 cl Orangenlikör aromatisieren. Garniert wird der Milchshake mit einer Limettenspirale. Kinder mögen es besonders gern, wenn man das Getränk noch mit Schokoladenraspeln bestreut.

Vitaminbombe

Für 4 Portionen

1 l Milch
400 g Erdbeeren
1000 ml Vanilleeis
1 Papaya
1 Avocado

1. Das Fruchtfleisch der Papaya und der Avocado auslösen, zusammen mit den gewaschenen Erdbeeren pürieren, das Eis hinzufügen und kräftig durchschlagen.
2. Die kalte Milch hinzufügen und alles zusammen noch einmal kräftig mixen.
3. Den Drink in vier große Gläser füllen und mit einem Trinkhalm servieren.
(Foto oben rechts)

Orangenblitz

Für 4 Portionen

3 Orangen
Zucker
500 ml Vanille- oder Fruchteis
½ Flasche Mineralwasser

1. Zwei der Orangen auspressen und vier Gläser zuerst in den Orangensaft, dann in den Zucker tauchen, so daß ein Crustarand entsteht.
2. Je eine Kugel Eis in die Gläser geben.
3. Die dritte Orange schälen, das weiße Häutchen gründlich entfernen, die Filets herausschneiden und auf die Gläser verteilen.
4. Den restlichen Orangensaft darübergießen und die Drinks mit Mineralwasser auffüllen.

Heidelbeer-Kefir-Drink

Für 2 Portionen

250 g Kefir 1,5% Fett
125 frische Heidelbeeren
½ Vanillezucker
2 Teelöffel Zucker
geriebene Schale von
¼ ungespritzter Zitrone
1–2 Eßlöffel Schlagsahne

1. Die Heidelbeeren waschen, verlesen, abtropfen lassen und in einen Blender geben.
2. Zucker, Vanillezucker und Zitronenschale hinzufügen und alles gut pürieren.
3. Den Kefir hinzufügen und auf schwächster Stufe alles noch einmal kurz mixen.
4. In zwei hohe Gläser einige Eiswürfel geben, den Heidelbeerdrink darübergießen und mit einem Sahnehäubchen garnieren.
5. Jeden Drink mit einem Trinkhalm servieren.

Mandarinenshake

Für 2 Portionen

250 g Kefir 1,5% Fett
Saft von ½ Zitrone
1 Eßlöffel Zucker
1 Dose Mandarinenfilets
2 Scheiben einer ungespritzten Zitrone oder Orange

1. Die abgetropften Mandarinenfilets, außer zwei Stück, mit dem Zucker und dem Zitronensaft in einem Blender pürieren.
2. Den Kefir hinzufügen und auf schwächster Stufe alles noch einmal kurz mixen.
3. Den Drink in zwei große Gläser füllen und jedes Glas mit einem Mandarinenfilet und einer Zitronenscheibe garnieren.
(Foto unten: rechts)

Mandelmilch

Für 2 Portionen

400 ml frische Vollmilch
1 Eßlöffel Honig
20 g süße Mandeln
1–2 Tropfen Bittermandelaroma

1. Die Mandeln kurz mit heißem Wasser überbrühen und dann enthäuten.
2. Eine Pfanne trocken erhitzen, die Mandeln darin unter ständigem Rühren leicht anrösten, dann abtupfen und sehr fein mahlen.
3. Die Milch mit dem Honig sehr gut verquirlen, dann die Mandeln und das Bittermandelaroma hinzufügen und alles nochmals gründlich verrühren.
4. Den Drink in zwei hohe Gläser füllen und jedes Glas mit einem Trinkhalm servieren.

Aprikosen-Kefir-Drink

Für 2 Portionen

250 g Kefir 1,5% Fett
3 Eßlöffel Orangensaft
1 Teelöffel Vanillezucker
1 Eßlöffel Zucker
150 g frische Aprikosen
2 Scheiben einer ungespritzten Orange
Zitronenmelisse

1. Die Aprikosen halbieren und entsteinen, in einem Blender pürieren und mit dem Orangensaft, dem Zucker und dem Vanillezucker verrühren.
2. Den Kefir hinzufügen und auf schwächster Stufe nochmals alles kurz mixen.
3. Den Drink in zwei Gläser füllen, mit den Orangenscheiben und der Zitronenmelisse garnieren.
(Foto unten: links)

Energiecocktail

Für 4 Portionen

4 Orangen
4 Zitronen
Zucker oder Honig
4 Eßlöffel Weizenkeime
500 ml Vanilleeis

1. Die Früchte auspressen, mit dem Zucker und den Weizenkeimen in einem Mixglas gut verrühren und in vier Gläser füllen.
2. In jedes Glas eine Kugel Eis hineingleiten lassen und sofort servieren.
(Foto Seite 146)

BARGEFLÜSTER

Ein weiterer Drink, der Ihnen viel Energie liefert: 2 reife Williams Christ Birnen schälen, entkernen und pürieren. 500 ml angetautes Mandel- oder Nußeis hinzufügen und alles gut verrühren. 60 ml Sahne dazugeben, in 4 hohe Gläser verteilen und mit Mineralwasser auffüllen.

MIXGETRÄNKE OHNE ALKOHOL

Hagebutten-Orangen-Drink

Für 2 Portionen

250 g Kefir 1,5% Fett
2 Eßlöffel Hagebutten-marmelade
1 Eßlöffel Zucker
1 ungespritzte Blutorange

1. Die Blutorange halbieren, eine dünne Scheibe für die Garnitur beiseite legen, den Rest auspressen und in ein Mixglas geben.
2. Die Marmelade hinzufügen und alles gut verrühren, danach den Zucker daruntermischen.
3. Den Kefir dazugießen und alles mit dem Schneebesen kräftig verquirlen.
4. Den Drink in zwei hohe Gläser füllen und jedes Glas mit einer halben Blutorangenscheibe garnieren.
(Foto: links)

Waldfee

Für 2 Portionen

150 g Kefir 1,5% Fett
1 Eßlöffel Himbeersirup
1–2 Eßlöffel ungezuckerten Holundersaft
150 g frische Waldbeeren (Himbeeren, Brombeeren, Heidelbeeren)
1–2 Eßlöffel Schlagsahne

1. Die Früchte waschen, verlesen und zwei davon für die Garnitur beiseite legen.
2. Die restlichen Beeren zusammen mit dem Holundersaft in einem Blender pürieren.
3. Die fertige Masse durch ein feines Sieb streichen, in ein Mixglas geben und mit dem Himbeersirup und dem Kefir kräftig verquirlen.
4. Den Drink in zwei Gläser füllen, mit jeweils einem Sahnehäubchen und einer Beere garnieren und jedes Glas mit einem Trinkhalm servieren.
(Foto: rechts)

Wolkenreise

Für 2 Portionen

150 g Sauermilch
2 Eßlöffel Zitronensaft
1 Eßlöffel Zucker
½ Banane
1 Apfel

1. Die Banane schälen, grob zerkleinern und in den Blender geben.
2. Den Apfel schälen, in kleine Spalten schneiden, zu der Banane in den Blender geben, alles pürieren und mit dem Zitronensaft und dem Zucker vermischen.
3. Die Sauermilch dazugießen und auf schwächster Stufe alles nochmals durchmixen.
4. In zwei Gläser je einen großen Eiswürfel geben, den Drink darübergießen und mit einem Trinkhalm servieren.

Tropensonne

Für 2 Portionen

250 g Buttermilch
1 Teelöffel Zucker
½ Grapefruit
1 kleine Mango
Minzeblättchen oder Zitronenmelisse

1. Die halbe Grapefruit auspressen und den Saft in einen Blender geben.
2. Von der Mango die Haut abziehen, das Fruchtfleisch vom Kern lösen und den Saft dabei auffangen.
3. Das Fruchtfleisch und den Saft in den Blender geben, den Zucker hinzufügen und alles kräftig durchmixen.
4. Die Buttermilch dazugießen und alles nochmals auf schwächster Stufe mixen.
5. Den Drink in zwei Gläser füllen und mit der Minze oder Zitronenmelisse liebevoll garnieren.

Coco Banana

Für 2 Portionen

200 g Magermilchjoghurt
1 Teelöffel Vanillezucker
2 Eßlöffel Zitronensaft
1 Teelöffel Zucker
1 Banane
1 Kokosnuß

1. Die Kokosnuß an den Augen mit einem Nagel anstechen und die Milch in ein Glas laufen lassen.
2. Die Nuß dann in der Mitte rundherum mit einem Hammer abklopfen, bis sie in zwei Hälften zerbricht.
3. Das Fruchtfleisch stückweise von der Schale lösen, sie aber nicht beschädigen.
4. Die Banane schälen, in Stücke schneiden und mit dem Zucker, dem Vanillezucker und dem Zitronensaft im Blender kräftig durchmixen.
5. Etwas Kokosnußfleisch raspeln, mit zwei Eßlöffeln Kokosmilch sowie dem Joghurt in den Blender geben und kurz mixen.
6. Den Drink in zwei hohe Gläser füllen.
7. Die Kokosnußhälften mit zerstoßenem Eis füllen, die Gläser hineinstellen und mit Trinkhalmen servieren.

Goldene Bowle

Für ca. 15 Portionen

2 l Bananensaft
2 l Aprikosensaft
1 l Maracujasaft
Tonic Water
einige Bananen

1. Alle Säfte in einem Bowlengefäß verrühren und anschließend kalt stellen.
2. Longdrinkgläser zu Dreiviertel mit dem Bowlenansatz füllen und Tonic Water nach Geschmack hinzufügen.
3. Jedes Glas mit einer Bananenhälfte garnieren.
(Foto Seite 151 unten)

BARGEFLÜSTER

Der besondere Reiz der Bowle liegt oft in der Zugabe der nichtflüssigen Bestandteile, den Frucht- oder Gemüsestückchen. Erst mit ihnen kommen die „Spießer" voll auf ihren Geschmack. Nun können sie sich an das „Bowlestechen" machen, um eines der leckeren Fruchtstücke zu ergattern. Für Kindergeburtstage kann man statt der Früchte einfach ein paar Gummibärchen in die Bowle geben. Diese „Kinderbowle" ist dann zwar nicht so gesund, aber dafür macht sie den Kindern mehr Spaß.

Zitronenbowle

Für ca. 10 Portionen

2 ungespritzte Zitronen
1 ungespritzte Orange
½ l Ananassaft
20 cl Orangensaft
10 cl Zitronensaft
10 cl Zuckersirup
½ l Bitter Lemon
40 cl Soda

1. Die Zitronen und die Orange schälen, in Scheiben schneiden und diese nochmals vierteln.
2. Das Obst, die Schalen, die Säfte und den Sirup in ein Bowlengefäß geben, verrühren und dann kalt stellen.
3. Die Schalen aus der Bowle entfernen, Eiswürfel nach Geschmack hinzufügen und mit Bitter Lemon und dem Soda auffüllen.
(Foto Seite 151 oben: Mitte)

Malayenbowle

Für ca. 10–15 Portionen

4 l Ananassaft
1 l Grapefruitsaft
¼ l Curaçao blue alkoholfrei
Bitter Lemon
Ananasscheiben

1. Die Säfte und den Curaçao in ein Bowlengefäß geben und den Ansatz kalt stellen.
2. Mit diesem Bowlenansatz Longdrinkgläser zu Dreiviertel füllen, mit Bitter Lemon auffüllen und mit einer Ananasscheibe garnieren.
(Foto Seite 151 oben: rechts)

Traubenbowle

Für ca. 10 Portionen

100 g blaue Weintrauben
100 g grüne Weintrauben
½ l roter Traubensaft
½ l weißer Traubensaft
10 cl Zitronensaft
½ l Soda

1. Die Früchte waschen, halbieren, entkernen und in ein Bowlengefäß geben.
2. Die Säfte über die Früchte gießen und den Ansatz kalt stellen.
3. Die Bowle mit Soda auffüllen und servieren.

Piratenbowle

Für ca. 15 Portionen

2 l Aprikosensaft
2 l Birnensaft
½ l Kirschsaft
¼ l Zitronensaft
¼ l Grenadine
Tonic Water
einige Schalen von ungespritzten Zitronen
Cocktailkirschen

1. Die Flüssigkeiten, außer dem Tonic, in ein Bowlengefäß geben, gut verrühren und kalt stellen.
2. Diesen Ansatz mit dem Tonic Water auffüllen und in Bowlengläsern servieren.
3. Jedes Glas mit einem Stück Zitronenschale und einer Cocktailkirsche garnieren.

Obstsalatbowle

Für ca. 10 Portionen

2 säuerliche Äpfel
1 Birne
1 Banane
1 Orange
½ l Orangensaft
½ l Apfelsaft
20 cl Bananensaft
10 cl Birnensaft
30 cl Soda

1. Die Äpfel und die Birne schälen, das Kerngehäuse entfernen und in sehr kleine Würfel oder Stifte schneiden.
2. Die Banane und die Orange schälen, in Scheiben schneiden und die Orangenscheiben nochmals vierteln.
3. Das Obst mit den Säften in ein Bowlengefäß geben und kalt stellen.
4. Den Ansatz mit Soda auffüllen und servieren.
(Foto oben: links)

Bataviabowle

Für ca. 15 Portionen

2 l Ananassaft
1 l Birnensaft
1 l Maracujasaft
1 l Aprikosensaft
5 cl Zitronensaft
10 cl Curaçao blue alkoholfrei
Bitter Lemon
Scheiben einer ungespritzten
Zitrone
Cocktailkirschen

1. Sämtliche Säfte mit dem Curaçao in einem Bowlengefäß verrühren und dann kalt stellen.
2. Longdrinkgläser zu Dreiviertel mit diesem Ansatz füllen und mit Bitter Lemon vervollständigen.
3. Jedes Glas mit einer Zitronenscheibe und einer Cocktailkirsche garniert servieren.
(Foto: links)

Beerenbowle

Für ca. 10 Portionen

100 g Himbeeren
100 g Erdbeeren
100 g Brombeeren
10 cl Himbeersirup
10 cl Erdbeersirup
10 cl Zitronensaft
1 l Brombeersaft
40 cl Soda

1. Alle Früchte putzen, waschen, halbieren und zusammen mit den Sirupen und den Säften in einem Bowlengefäß verrühren.
2. Diesen Ansatz kalt stellen, anschließend mit Soda auffüllen und mit Eiswürfeln servieren.
(Foto Seite 152: vorne)

Korallenbowle

Für ca. 15 Portionen

2 l Aprikosensaft
2 l Maracujasaft
½ l Kirschsaft
¼ l Zitronensaft
¼ l Grenadine
Tonic Water
Cocktailkirschen
Scheiben von ungespritzten Zitronen

1. Alle Säfte und den Grenadine in einem Bowlengefäß verrühren und dann kalt stellen.
2. Den Ansatz zu Dreiviertel in Longdrinkgläser füllen und mit Tonic Water nach Geschmack vervollständigen.
3. Jedes Glas mit einer Zitronenscheibe und einer Cocktailkirsche servieren.
(Foto Seite 152: rechts)

Melonenbowle

Für ca. 10 Portionen

1 Wassermelone
1 Honigmelone
15 cl Mandarinensirup
7 cl Limettensirup
2 Flaschen klare Limonade

1. Von den Melonen einen Deckel abschneiden, die Kerne mit einem Eßlöffel entfernen und anschließend das Fruchtfleisch mit einem Kugelausstecher herauslösen.
2. Pro Person etwa vier Honig- und Wassermelonenkugeln in die restlos ausgehöhlte Wassermelone geben, alle anderen Zutaten hinzufügen und verrühren.
3. Die Bowle sofort servieren und, damit sie nicht umfällt, am besten in eine mit Servietten ausgeschlagene Schüssel oder einen tiefen Teller stellen.
(Foto Seite 152: hinten)

Feurio

Für 2 Portionen

200 g Kefir 1,5% Fett
50 g rote Paprikaschote
1 Eßlöffel Zitronensaft
1 Teelöffel geriebener Meerrettich
1 Eßlöffel Ajvar (serbische Paprikazubereitung)
1 kleine Zwiebel
weißer Pfeffer
Salz
4 Petersilienzweige

1. Die Paprikaschote waschen, vierteln, die Kerne und das weiße Häutchen entfernen, das Fruchtfleisch grob zerkleinern und in den Blender geben.
2. Den Zitronensaft, den Meerrettich und den Ajvar hinzufügen.
3. Die Zwiebel schälen, halbieren und in den Blender geben.
4. Alles zusammen kräftig durchmixen, dann den Kefir auf schwächster Stufe unterrühren.
5. Den Drink mit Pfeffer und Salz abschmecken.
6. Die Petersilie waschen, trockenschleudern und fein hacken.
7. Zwei Gläser mit dem angefeuchteten Rand in die Petersilie tauchen, so daß ein grüner Rand entsteht.
8. Den scharf gewürzten, feurigen Drink vorsichtig einfüllen und mit einem Trinkhalm servieren.

Paprikadrink

Für 2 Portionen

150 g gerührter Joghurt
½ rote Paprikaschote
1 kleine Tomate
½ kleine Zwiebel
½ kleine Knoblauchzehe
2 Blättchen Zitronenmelisse
Saft von ½ Orange
1 Teelöffel Zucker
1 Eßlöffel Sahne
weißer Pfeffer
Salz

1. Die gewaschene Paprikaschote vierteln, die Kerne und die weißen Häutchen entfernen, in grobe Stücke schneiden und in den Blender geben.
2. Die Tomate ebenfalls waschen, vierteln und in den Blender geben.
3. Die halbe geschälte Zwiebel und Knoblauchzehe mit der Zitronenmelisse, dem Orangensaft und dem Zucker ebenfalls in den Blender geben und alles kräftig durchmixen.
4. Sahne, Pfeffer und Salz nach Geschmack hinzufügen und nochmals kurz mixen.
5. Den Joghurt löffelweise zugeben und auf schwächster Stufe daruntermischen.
6. Den Drink in zwei Bechergläser füllen und servieren.

Herzdame

Für 2 Portionen

250 g Kefir 1,5% Fett
¼ l Tomatensaft
½ kleine Zwiebel
1 kleine Knoblauchzehe
1 Spritzer Tabasco
schwarzer Pfeffer aus der Mühle
edelsüßes Paprikapulver
Salz
1 Tomatenscheibe

1. Die halbe Zwiebel und die Knoblauchzehe schälen, grob zerkleinern und in den Blender geben.
2. Den Tomatensaft dazugießen und alles kräftig durchmixen.
3. Den Kefir und den Tabasco hinzufügen und auf schwächster Stufe unterrühren.
4. Den Drink mit den Gewürzen abschmecken, in zwei Gläser füllen und mit jeweils einer halben Tomatenscheibe garnieren.
(Foto: Mitte)

Joggerdrink

Für 2 Portionen

200 g Buttermilch
¼ l Gemüsesaft
1 Messerspitze Meerrettich
1 Teelöffel Zitronensaft
weißer Pfeffer
Salz
1 Teelöffel Schnittlauchröllchen

1. Den Gemüsesaft, die Buttermilch, den Meerrettich und den Zitronensaft gut verquirlen und mit Salz und Pfeffer abschmecken.
2. Den Drink in zwei hohe Gläser füllen, mit Schnittlauchröllchen bestreuen und mit Trinkhalmen servieren.

Melonen-Kefir-Drink

Für 2 Portionen

200 g Kefir 1,5% Fett
2 Eßlöffel Zitronensaft
1 Teelöffel geriebener Meerrettich
150 g Salatgurke
100 g Wassermelone
Salz
Pfeffer
6 Gurkenscheiben

1. Die Salatgurke waschen, schälen, der Länge nach halbieren und mit einem Teelöffel die Kerne herausschaben. Das Fleisch grob würfeln und in den Blender geben.
2. Den Zitronensaft und den Meerrettich hinzufügen und alles kräftig durchmixen.
3. Den Kefir dazugießen und auf schwächster Stufe unterrühren.
4. Den Drink mit Salz und Pfeffer abschmecken und in zwei Gläser mit Eiswürfeln gießen.
5. Mit einem Kugelausstecher kleine Kugeln aus dem Melonenfruchtfleisch ausstechen und mit den Gurkenscheiben auf zwei Cocktailspieße stecken.
6. Die Spieße in die Gläser stellen und diese mit Trinkhalmen servieren.

Rote Berta

Für 2 Portionen

250 g Buttermilch
150 g rote Beten aus dem Glas
1 kleine Zwiebel
½ Teelöffel geriebener Meerrettich
1 Eßlöffel Zitronensaft
weißer Pfeffer
Salz

1. Die abgetropften roten Beten mit der geschälten und halbierten Zwiebel in den Blender geben.
2. Den Meerrettich und den Zitronensaft hinzufügen und alles kräftig durchmixen.
3. Die Buttermilch hinzugießen und auf schwächster Stufe unterrühren.
4. Den Drink mit Pfeffer und Salz abschmecken und in zwei Gläser füllen.
(Foto Seite 154: links)

Würziger Gurkendrink

Für 2 Portionen

150 g Sauermilch 1,5% Fett
2 Eßlöffel Zitronensaft
250 g Salatgurke
½ kleine Zwiebel
½ kleine Knoblauchzehe
½ Bund Schnittlauch
2 Blättchen Zitronenmelisse
1 Eßlöffel Doppelrahmfrischkäse mit Kräutern
Salz
weißer Pfeffer

1. Die Gurke waschen, schälen, vier Scheiben beiseite legen, den Rest grob würfeln und in den Blender geben.
2. Die Zwiebel und die Knoblauchzehe schälen und ebenfalls in den Blender geben.
3. Die Kräuter waschen, zerkleinern, mit etwas Salz und dem Frischkäse in den Blender geben und alles kräftig durchmixen.
4. Das Gurkenpüree mit Pfeffer abschmecken und dann die Sauermilch auf höchster Stufe darunter mischen.
5. Den Drink in zwei Sektschalen füllen und mit den Gurkenscheiben dekorieren.

Gemüsecocktail

Für 2 Portionen

250 g Buttermilch
1 Teelöffel Zitronensaft
1 Teelöffel Honig
2 Möhren
50 g Sellerieknolle
Sellerie- oder Kräutersalz
weißer Pfeffer
einige Blättchen Selleriegrün

1. Die Möhren waschen, abbürsten und in dicke Scheiben schneiden.
2. Den Sellerie schälen und grob würfeln.
3. Das Gemüse zusammen mit dem Zitronensaft und dem Honig in den Blender geben und gut durchmixen.
4. Die Buttermilch langsam dazugießen und dabei auf kleinster Stufe weitermixen.
5. Den Drink mit Salz und Pfeffer abschmecken und in zwei große Cocktailschalen füllen.
6. Jedes Glas mit einigen Sellerieblättchen garnieren.
(Foto Seite 154: rechts)

Gemüsedrink Provençal

Für 2 Portionen

200 g gerührter Sahnejoghurt
200 ml Vollmilch
1 Spritzer Zitronensaft
1 kleine Zucchini
1 kleine rote Paprikaschote
1 kleine Knoblauchzehe
1 kleine Zwiebel
1 Zweig Majoran
1 Zweig Thymian
½ Bund Petersilie
1 Messerspitze Kräuter der Provence
weißer Pfeffer
Salz oder Kräutersalz

1. Die Zucchini waschen, schälen, in Scheiben schneiden und in den Blender geben.
2. Die Paprikaschote waschen, vierteln, die Kerne und das weiße Häutchen entfernen, das Fruchtfleisch fein würfeln und beiseite stellen.
3. Die Knoblauchzehe und die Zwiebel schälen, zerkleinern und in den Mixer geben.
4. Die frischen Kräuter gut waschen, die Blättchen von den Stielen zupfen, mit den Kräutern der Provence in den Mixer geben und alles kräftig durchmixen.
5. Den Zitronensaft, den Joghurt und die Milch hinzufügen und nochmals kurz mixen.
6. Den Drink mit Pfeffer und Salz abschmecken und die Paprikawürfel daruntermischen.
7. Den Drink in zwei tiefe Schalen füllen und diese auf Eiswürfeln gestellt servieren.

Kresseshake

Für 2 Portionen

300 g Buttermilch
2 Eßlöffel Zitronensaft
1 Teelöffel geriebener Meerrettich
einige Tropfen Worcestersauce
1 Kästchen Kresse
weißer Pfeffer
Salz
2 Scheiben einer ungespritzten Zitrone

1. Die Kresse gut waschen, abschneiden und einige Stielchen für die Garnitur beiseite legen.
2. Buttermilch, Zitronensaft, Meerrettich und Kresse in den Blender geben und kräftig durchmixen, bis die Kresse zerkleinert ist.
3. Den Drink mit Worcestersauce, Pfeffer und Salz abschmecken und in zwei hohe Gläser füllen.
4. Die Zitronenscheiben zur Hälfte einschneiden, kleine Kressebündelchen in diesen Einschnitt klemmen und damit jedes Glas garnieren und mit einem Trinkhalm servieren.

Radmix

Für 2 Portionen

250 g Buttermilch
1 Teelöffel Zitronensaft
10 Radieschen
1 Kästchen Kresse
½ Teelöffel geriebener Meerrettich
1 Prise Zucker
weißer Pfeffer
Salz oder Kräutersalz

1. Die Radieschen putzen, waschen, eins für die Garnitur beiseite legen und die restlichen grob zerkleinert in den Blender geben.
2. Die Kresse waschen, abschneiden, einige Stielchen beiseite legen, den Rest in den Blender geben und alles gut zerkleinern.
3. Meerrettich, Zitronensaft und Buttermilch dazugießen und auf höchster Stufe kräftig durchmixen.
4. Den Drink mit Salz, Zucker und Pfeffer abschmecken und in zwei Dessert- oder Sektschalen füllen.
5. In die Mitte jeweils ein Kressesträußchen geben, einige Radieschenscheiben darum anordnen und jedes Glas mit einem Löffel servieren.
(Foto: rechts)

Griechischer Joghurtcocktail

Für 2 Portionen

100 g Sahnejoghurt, möglichst aus Ziegenmilch 10% Fett
100 g Kefir
150 g Salatgurke
1 kleine Knoblauchzehe
1 Teelöffel Zitronensaft
2 Blättchen Borretsch
½ Bund Dill
weißer Pfeffer
Salz

1. Die Gurke waschen, schälen, zwei Scheiben für die Garnitur beiseite legen und die Gurke der Länge nach halbieren.
2. Die Kerne mit einem Teelöffel herausschaben, das Fleisch in grobe Stücke schneiden und in den Blender geben.
3. Die Knoblauchzehe schälen, zerdrücken, mit dem Zitronensaft in den Blender geben und alles kräftig durchmixen.
4. Die Kräuter waschen, zwei Dillzweige beiseite legen, den Rest fein wiegen und daruntermischen.
5. Auf schwächster Stufe den Joghurt und den Kefir untermischen, würzen und in zwei Sektschalen füllen.
6. Den Drink mit jeweils einer Gurkenscheibe und einem Dillstengel dekorieren.
(Foto: links)

Rezeptverzeichnis

Abraxas 42
Acapulco 43
Acapulco Dream 70
Adonis 28
Afterwards 55
Air Mail 70
Alexander 43
Alexander's Sister
   Cocktail 54
American Beauty 29
American Glory 132
American Grog 104
Ananasbowle 101
Ananasdrink
   Tropicana 135
Ananasmilch 142
Angel's Smile 118
Apfelbowle 98
Apotheke 51
Apple-Coke 112
Apple Fizz 68
Applejack Sour 68
Apricot Cream Frappé 88
Apricot-Daiquiri light 115
Aprikosenbowle 100
Aprikosen-Kefir-Drink 147
Aprikosensekt 65
April Shower 38
Atta Boy 43
Aztekenfeuer 139

Babyface 54
Bacardi light 117
Baden-Baden 126
Bahia I 72
Bahia II 76
Baltimore Egg Nogg 74
Bamboo 28
Banana Flip 86
Bananen-Eiscreme-
   Soda 136
Bananenbowle 100
B and B 45
B and C 45

B and P 45
Barett 50
Bataviabowle 152
Bayernhimmel 92
Beerenbowle 153
Bees Kiss 42
Bel Ami 42
Bella Roma light 121
Bellini 60
Berlenga 32
Berliner Weisse 93
Bermuda 46
Bierbowle 100
Big Banana 136
Big Yellow Bird 115
Bijou 54
Bird of Heaven 112
Birnen-Zimt-Milch 136
Bitter Fruit 114
Bitter Lemon Flip 127
Bitter Sweet 30
Blackberry Egg Nogg 82
Black Russian 43
Blaubeermilch-
   Gletscher 139
Blondine 141
Bloody Mary 74
Blossom light 112
Blue Ice 139
Blue Icecreme Soda 138
Blue Monday 28
Blue Sky 128
Blue Sky light 114
Bombay 30
Borneo Gold 128
Bourbon Flip 86
Brandy Buck 71
Brandy Sour 71
Breakfest Egg Nogg 84
Bronx 34
Buena Carmencita 89
Burgunderbowle 104
Buttergrog 106

California 50
Campari Cocktail 28
Campari Flip 87
Car Drive 126

Casablanca 73
Champagner-Cocktail 59
Champagner Daisy 63
Champagner Orange 62
Chapala light 113
Chicago 60
Chinese 53
Chococolada light 120
Chocolate Coco 78
Churchill 46
Citronella 141
Claridge 53
Coca-Cola-Malzmilch 135
Coco Banana 149
Coco Loco 79
Cocoskiss 72
Cognac au lait 89
Cognac Flip 86
Cola-Dream 112
Colonialbowle 100
Comeback 122
Concorde II 54
Coqueta 74
Cream-Frappé Citrique 90
Cuba Libre 78
Cuban Cocktail 46
Curaçao Flip 86
Cynar Cocktail 37

Daiquiri 53
D.B.U. 59
Deep Dream 74
Die 4 C 64
Diplomat 53
Dirty White Mother 55
Drambuie Egg Nogg 82
Dreams of Neapel 50
Dr. Funk 73

East India 28
Eastwind 38
Eier-Eiscreme-Flip 141
Eiscreme-Soda 139
Eiscrème Soda
   Chokolata 89
Eisdrink Waldemar 141
Eiskaffee „Orange" 94
Eiskakao 94

Eisrubin 142
Eisteebecher 94
Eldorado 126
Emerald 28
Empire State 28
Energiecocktail 147
English Prince 120
Erdbeerbowle 101
Erdbeerdrink
   Baronesse 90
Erdbeerdrink Cardinal 141
Erdbeer Soda 88

Fallen Leaves 38
Fancy Campari 29
Far West 28
Feel like Holiday 65
Ferrari Cocktail 50
Feuerzangenbowle 105
Feurio 153
First Night 31
Five o'clock 37
Flamingo 30
Flensburger Hühner-
   hof 106
Florida light 117
Florida Milk 136
Flushing Meadow 120
Flying 61
Flying Saucer 30
Fly to Moscow 122
Fog Cutter 72
Fox River 46
Frappé de Cassis 90
French 75 60
French 76 60
French Kissing 89
Fruchtcocktail 92
Fruchtpunsch 107
Fruchtsekt 64
Fruit Cup I 130
Fruit Cup II 130
Frutas con Ron 74
Fürst Igor 130

Game 45
Gaston Longdrink 62
Gemüsecocktail 155

REZEPTVERZEICHNIS 159

Gemüsedrink Provençal 156
Gewürzpunsch 109
Gimlet 30
Gin Fizz 68
Ginger light 114
Ginger Medium 114
Ginger Orange 129
Gloom Lifter 31
God Father 51
God Mother 43
Goldene Bowle 150
Golden Fizz 140
Golden Ginger-ale 126
Golden Heath 30
Golden Nail 50
Goldfinger 53
Grande Duchesse 30
Grand Egg Nogg 84
Grapefruit Highball 128
Grapefruit Lemonade 129
Greek Buck 71
Green Eyes 113
Greyhound light 119
Griechischer Joghurt-cocktail 156
Grog Peruschim 109
Grog Sylt 106
Gurkenbowle 100

Habitant 33
Hagebutten-Orangen-Drink 149
Hanseatic 63
Harvey Wallbanger 70
Havanna Club 46
Hawaiian Banger 77
Hawaiian Cocktail 49
Heaven so sweet 54
Heidelbeer-Kefir-Drink 146
Heißer Heinrich 105
Helgoländer Grog 105
Herzdame 154
Highball light 117
Himbeerbowle 103
Himbeer-Buttermilch 134
Holiday Egg Nogg 84
Holländischer Grog 106

Honolulu 131
Horse's Neck 74
Hula Hula 79
Hurricane 33

Ice Rickey 90
Imperial 33
Irish Cocktail 42
Irish Orange 74

Jalapa 46
Jamaica Cooler 78
Jamaica Green 72
James Bond 63
Jet Set 90
Joggerdrink 155
Johannes 131
Johannisbeer-Flip 143
Journalisten Cocktail 33

Kaffee-Portwein-Punsch 109
Kalte Ente 65
Kanada Grog 107
Kardinal 98
Katerkiller mit Eiskrem 95
Keitumer Hausgrog 106
Kentucky Egg Nogg 83
Kentucky Lemon 69
Kir Imperial II 64
Kir Royal 64
Kirschblüte 126
Kirschenmund 63
Kiss of Coconut 122
Kiwibowle 103
Kiwisekt 64
Knock out 37
Korallenbowle 153
Kresseshake 156

Lemon-Icecreme 145
Leuchtturm 134
Light Flamingo 112
Light Starter 116
Limeminz 131
Limettensekt 60
Litschibowle 106
Little Screwdriver 119

Louisiana 36
Lucky Driver 132
Lulu's Cocktail 37
Lumumba 70

Madagaskar 36
Madeira Flip 87
Maibowle 100
Malayenbowle 150
Mandarine Cream 132
Mandarinenshake 147
Mandelmilch 147
Mangobowle 107
Manhattan 34
Manhattan Dry 34
Manhattan Medium Cocktail 34
Maracuja Flip 87
Maracuja Lemon 142
Margarita 49
Margret Rose 64
Martini Dry 34
Martini Medium Cocktail 34
Martinique 78
Martini Sweet 34
Märzenbowle 103
May Blossom 37
Melonenbowle 153
Melonen-Kefir-Drink 155
Menthe-Eiscreme-Soda 139
Miami Beach 37
Miami light 112
Milano 63
Milchshake Karibik 136
Mint Cream Frappé 88
Mint Fizz 71
Mint Julep 74
Mint Tonic 134
Mississippi 132
Miss Marple 136
Mojito light 116
Mokka Flip 84
Mokkamix 136
Morning-Shoot 132
Moscow Mule 46

Moulin-Rouge 63
Mrs. Hemingway Special light 120

Nachbars Kirschen 88
Negroni „Long" 71
New Cuba Libre 117
Nibelungenlied 104
Northern Light 59

Obstsalatbowle 151
Offenburg-Flip 140
Ohio 59
Ohio II 65
Old Fashioned light 118
One Ireland 91
Opera 53
Orange Egg Nogg 84
Orange Lemonade 132
Orangenblitz 145
Orangen Flip 84
Orange Shake 139
Orange Tropical 122
Orient Express 88

Papa Doble 46
Paprikadrink 153
Paradise 49
Paradiso 76
Pariser Punsch 109
Peppermintdrink 142
Peppermint Twist 91
Perfect Dancer 122
Pfirsichbowle 103
Piña Colada 70
Piña Colada light 115
Pineapple-Peppermint 128
Pink Lady 46
Pink Rum 77
Piratenbowle 150
Planter's light 120
Planter's Punch I 68
Planter's Punch II 68
Planter's Punch III 69
Polar Orange 139
Port Flip 87
Porto Rico 54
Power Juice 126

REZEPTVERZEICHNIS

Primavera 30
Prince of Wales 63

Queen Charlotte 135

Radler light 122
Radmix 156
Rallo 33
Red Gin 53
Red-Ginger-Shake 144
Red light 122
Red Lion 45
Red Mary 95
Red Russian 43
Refresher 132
Rheinweinbowle 98
Ritz 61
Rolls Royce 37
Rose 38
Rosemie 59
Rosenbowle 103
Rote Berta 155
Roter Teepunsch 107
Rotwein Flip 88
Royal Cocktail 36
Rumba 38
Rum Callius 77
Rum Coffee Flip 86
Rum Daisy 77
Rum Egg Nogg 84
Rum Fizz 68
Rum Tonic 73
Russian Fruit 45
Rusty Nail 49

Sahnepunsch 109
Sanfter Engel 93
Sangria 98
Schokoladenmilch-
   shake 139
Schorle-Morle 98
Screwdriver 45
Seejungfrau 76
Sekt-Cobbler 59
September Morn 76
Sexy 6 63
Sherry Flip 87
Sherry-Tee-Punsch 109
Shirley Temple 134
Side Car 49
Simply Red 130
Skandinavische
   Christfestbowle 103
Slowly Wallbanger 119
Soft Green 88
Sonnyboy 135
Sophia 43
Southern Island 54
Southern Special 61
Southern Trip 60
South Sea 115
Sparkle Orange 112
Sportif 126
Spotlight 144
Steffi-Graf-Cocktail 127
Stinger 50
Strawberry Cream 55
Strawberry Plant 132
St. Vincent 54

Summercooler 126
Summer Delight 126
Sundowner 45
Superlongdrink
   „Rudolfo" 79
Suzie Wong 60
Sweet Chi Chi 117
Sweet Paradise 117
Sweet Pink Colada 118
Sweet Scotch 74
Swinger's light 121

Tahiti 79
Tango 38
Tennessee 33
Tennessee Egg Nogg 82
Tequila Gimlet 49
Tequila Sour 49
Tequila Sunrise light 118
The Queen 59
Three Fruits 112
Tigerlilly 92
Tigerpfötchen 71
Time Bomb 53
Tingling Feelings 121
Tip Top 73
Tomate 32
Tom und Jerry 106
Toronto 45
Traubenbowle 150
Triver 131
Tropensonne 149
Tropenzauber 128
Tropical Dream 122

Uptown 49

Valencia Smile 59
Vanilleshake mit
   Erdbeereis 141
Victor Laslo 117
Violeta 119
Virginia Egg Nogg 83
Vitaminbombe 145
Vulcano 60

Waldfee 149
Waldorf 33
Ward Eight No. 2 117
Wembley 38
Whip 64
Whiskey Sour light 121
White City 133
White Lady 46
White Russian 43
Williams-Christ-Bowle 101
Wodka Sour 71
Wodka special 38
Wodka Stinger 43
Wolga Clipper „Long" 76
Wolkenreise 149
Würziger Gurkendrink 155

Yellow Bird 118
Yellow Finger 45

Zasa, Zasa 33
Zitronenbowle 150
Zoombie 71